공부하는 엄마의
시간은 거꾸로 간다

공부하는 엄마의 시간은 거꾸로 간다

여성의 한계를 뛰어넘은
이금형의 열정 스토리

이금형 지음

알에이치코리아

나는 오늘도 인생을 공부한다

2013년 봄, 경찰대학 학장실. 나는 따뜻한 커피 한 잔을 들고 창밖을 보며 서 있다. 창밖에는 봄 햇살이 따스하게 내리쬐고 있고 이제 막 자태를 드러낸 어린잎들이 연두색을 뽐내며 바람에 흔들거리고 있었다. 그 사이로 제복을 입은 학생들이 삼삼오오 짝을 지어 씩씩하게 걸어가고 있다. 밝고 건강한 학생들의 모습에 저절로 입가에 미소가 지어진다.

내 인생에서 소소하지만 가장 특별한 순간으로 기억되는 장면이다. 고졸 순경에서 시작한 내가 경찰대학장이 된 것은 나에게도 또 경찰 조직에서도 남다른 의미를 지닌다. 그동안 나는 누구보다 열정적으로 살아왔는데 지금 와서 돌아보면 나 자신도 '어떻게 그렇게 살 수 있었을까?' 하고 놀랄 정도이다.

스무 살에 순경으로 경찰에 입문해 경장, 경사, 경위, 경감, 경정, 총경, 경무관, 치안감을 거쳐 치안정감에 오르기까지 많은 일들을 겪었다. 나의 총경 진급은 여성으로서는 세 번째, 경무관은 두 번째, 치안감과 치안정감은 경찰 역사상 최초였다. 그만큼 경찰 조직이 여성에게 인색했다는 뜻이고, 그 유리천장을 깨뜨리기 위해 안간힘을 써야 했다.

그렇게 38년간 남성 위주 조직에서 겪게 되는 여러 한계와 어려움 속에서 내가 꼭 붙들고 살아왔던 신념은 '어제보다 나은 오늘을 사는 것'이었다. 그러기 위해 나는 주어진 업무를 누구보다 잘해내려고 노력했고, 더 발전하기 위해 필요한 것은 무엇이든 배우고 익히려고 애썼다. 그 일환으로 나는 35살의 늦은 나이에 그것도 결혼을 하고 아이까지 낳은 후 대학에 갔다. 시어머니께서 육아와 살림을 도와주셨지만 세 아이를 키우면서 일하고 공부한다는 것은 말처럼 쉬운 일이 아니었다.

방송통신대 법학과에 들어가 주경야독으로 공부하여 6년 만에 졸업했고, 사십 대에는 석사 학위를, 오십 대에는 박사 학위를 받았다. 공부를 하면 할수록, 또 직위가 올라가면 올라갈수록 알고 싶은 것, 배워야 할 것들이 많았다. 지휘관이 되면서 언론을 대할 일들이 많아지자 언론을 알아야겠다는 생각에 언론홍보정책대학원에 다니기도 했다.

　무언가를 알아간다는 것은 즐거움을 가져다주기도 하지만 분명 고된 과정이기도 하다. 하지만 공부가 주는 열매는 언제나 달다. 늘 한 단계 성장하기 위해 배우고 노력했던 열심은 나를 이론과 실무를 겸비한 자신감 넘치는 경찰로 만들어주었다.

　대학과 대학원 과정을 따라가고, 때마다 있는 승진시험을 준비하기 위해서 나는 세 딸과 함께 있을 때면 언제나 공부하는 분위기를 조성했다. 딸들에게 엄마는 밖에서는 열심히 나쁜 놈들을 때려잡고 집에서는 공부하는 사람의 이미지를 심어주고 싶었다. 다행히 우리 딸들은 그런 엄마의 모습을 인정해주었고, 자신들도 공부를 삶의 중심으로 받아들이고 학교뿐 아니라 사회에서도 무엇이든 열심히 배우려 했다. 때로 "공부하는 게 가장 쉽다", "공부가 취미다"라고 말해 다른 사람들에게 눈총을 받기도 했다.

　최연소 행정고시 패스, 하버드대 연구원, 치과의사인 세 딸을 보며 주위에서 공부 잘하는 비결을 묻곤 하는데, 그때마다 나는 "엄마가 공부하면 돼"라고 말한다. 부모는 자식의 거울이기 때문이다.

　인생은 결코 길지 않다. 나는 한 번뿐인 인생을 잘 살아가기 위해 직장 여성은 물론 전업주부들도 요리나 컴퓨터 등 일상의 필요한 것들에 대해 공부하는 자세를 지녀야 한다고 생각한다. 퇴직을 한 지금도 나는 공부를 하고 있다. 서원대 경찰행정학과에서 석좌

교수로 학생들을 가르치기 위해 공부하고, 한국양성평등진흥원 초빙교수와 청소년폭력예방재단의 이사로 양성평등 문제와 청소년 문제를 효과적으로 알리기 위해 공부하고 있다. 나는 녹음해서 듣고 또 듣는 공부법을 활용하는데, 지금도 나의 휴대전화 녹음기는 열심히 돌아가고 있다.

그동안 나의 경험을 담은 책을 세상에 내놓으려 한다. 부끄럽지만 그동안 고군분투하며 걸어왔던 나의 시간들이 다른 사람들에게 "할 수 있다"라는 자신감을 심어주었으면 하는 바람에서다. 이 책이 독자들이 한 단계 성장하는 데 작은 불씨가 되었으면 좋겠다.

나의 가장 든든한 지원군은 가족이었다. 항상 나를 믿고 지지해준 남편, 나를 대신해 육아와 살림을 맡아주신 시어머니와 시누이들, 아버지의 사업 실패로 어려운 살림을 이끄느라 고생하신 친정어머니 그리고 나의 보석인 세 딸 소라, 진아, 정아에게 감사와 함께 사랑의 마음을 전하고 싶다. 또한 오늘의 내가 있기까지 도와준 경찰 선후배 동료들과 사각지대의 여성, 아동, 청소년을 위한 치안정책을 추진하도록 적극 지원해주신 분들께도 감사의 마음을 전한다.

2015년 8월
이금형

✩

차례

1장

뜨거운 확신이
내일을 연다

나는 반드시
해내고 싶었다

"이금형, 잘할 수 있겠어?"

"네, 할 수 있습니다. 시켜만 주십시오."

1986년부터 대한민국을 떠들썩하게 한 화성연쇄살인 사건이 연이어 일어났다. 당시 내가 속한 경찰청 과학수사과는 화성연쇄살인 사건이 일어난 범죄 현장에 나가 부패한 시체와 증거물을 채집하고 용의자의 진술을 확인하는 거짓말 탐지기 업무를 맡았다. 시체뿐 아니라 지문 채취를 위해 절단해온 손가락에서도 역한 냄새가 진동하는데 이는 여간해서는 참기 힘들다. 또한 강력 범죄 용의자와 작은 방에서 무릎을 맞대고 거짓말 탐지기로 진술 진위를 탐지 검사하는 일 역시 쉽지 않아서 그동안 이러한 업무는 여경에게는 시키지 않았다. 그런데 1988년 어느 날, 나에게 그 일이 주어진 것이다.

제복을 입다

내가 경찰이 되고자 마음먹은 것은 고등학교 3학년 말이었다. 사업을 하시는 아버지 덕에 유복한 어린 시절을 보낸 나는 어려서부터 그림을 잘 그렸다. 그래서 화가의 꿈을 키우며 성장했는데 중학교 때 아버지가 암에 걸리시고 사업에 실패하시면서 가세가 점점 기울기 시작했다. 나의 꿈을 적극적으로 밀어주셨던 어머니는 어려운 살림에 그림도구를 장만해주고 미술대회에 나가게도 해주셨지만 아버지의 병환이 길어지자 화가를 꿈꾸던 미래에 적신호가 켜졌다. 어떻게 해서든 고등학교 시기만 잘 버티어 미대에 진학하길 바랐는데 그것은 언감생심이었다.

가정 형편상 대학 진학은 꿈도 꿀 수 없었고 졸업 후 당장 먹고 살 수 있는 일을 찾아야 했는데 줄곧 그림만 그렸던 터라 무엇을 할 수 있을지가 걱정이었다. 주변 친구들이 하나 둘 취직하는 것을 보며 불안해하던 그때, 경찰에 계시던 삼촌과 아버지께서 "여경 시험을 보면 어떻겠니?"라고 권유하셨다.

여경은 그동안 한 번도 생각해보지 못한 직업이었다. 하지만 집안의 어른으로 모범을 보여주셨던 삼촌의 모습에 경찰에 대한 신뢰가 생겼다. 당시 하얀색에 감색 리본을 맨 깔끔한 경찰 제복을 차려입은 내 모습을 상상해보니 왠지 모르게 가슴이 설렜다. 5남 1녀로 어린 시절부터 오빠들과 함께 구슬치기, 딱지치기, 전쟁놀이를 하며 자랐기에 남성적인 문화가 잘 맞을 것 같다는 생각도 들었다.

나는 바로 경찰시험에 응시하여 필기시험에 합격했고 면접만 통과하면 순경이 될 수 있었다. 그런데 오랫동안 투병 생활을 해오신 아버지는 딸이 경찰 제복을 입은 모습을 보지 못하고 하늘나라로 떠나셨다. 운명의 장난일까. 아버지 장례식 날이 면접날과 겹쳤다. 아버지를 잃은 슬픔에 나는 면접을 보러 가지 않겠다고 했다. 그러자 나보다 더 큰 슬픔을 느꼈을 어머니가 담담히 말씀하셨다.

"금형아, 아버지는 네가 경찰이 된 모습을 누구보다 좋아하실 거야. 합격해서 좋은 모습 보여드리자."

어머니의 말에 나는 눈물을 훔치고 입술을 깨물며 면접장으로 향했다. 면접을 마치고 돌아오니 황토색 봉분이 만들어져 있었다. 아버지의 무덤이었던 것이다.

이럴 거면 뽑지를 말지

아버지의 장례식도 보지 못하고 경찰이 되었는데 경찰 조직에서의 내 모습은 내가 생각했던 것과는 많이 달랐다. 신나게 사건을

"여경 시험을 보면 어떻겠니?"

하얀색에 감색 리본을 맨
깔끔한 경찰 제복을 차려입은 내 모습을
상상해보니 왠지 모르게 가슴이 설렜다.

파헤치고 범인을 때려잡는 일보다는 커피나 복사 심부름, 단순한 서류 업무와 민원 처리에 치여 집에 돌아갈 때면 '왜 경찰이 되었을까?' 하는 생각이 머릿속에 계속 맴돌았다.

내가 경찰에 입문할 때는 지금보다 여경의 역할이 더 제한되어 있었다. 주요 업무는 남자들이 다 하고 여자들은 보조적인 일만 하는 분위기였고, 여자는 숙직이나 당직도 못하고, 검문도 못하고, 지방 출장도 못한다며 빼주는 식이었다.

'도대체 이렇게 다 못 하게 할 거면 도대체 여경은 왜 뽑는 걸까?'

하루하루 지날수록 회의감이 들었다. 그러던 어느 날 경찰청 과학수사과에서 몽타주 요원을 뽑는다는 소식이 들려왔다. 고등학교 때 미술부 활동을 하며 줄곧 그림을 그려왔던 나는 몽타주 요원이 되어 과학수사과에 들어가면 무언가 본격적인 수사 업무를 할 수 있을 것이라 생각했다. 나는 당시 〈수사반장〉에 나왔던 최불암 씨 몽타주를 그려 선발에 응시했고 다행히 합격했다.

과학수사과에서 내가 주로 했던 일은 피해자의 진술을 듣고 범인의 얼굴을 그리는 일이었다. 요즘은 컴퓨터 시스템이 잘되어 있어 컴퓨터 작업으로 몽타주를 완성하지만 그때는 일일이 손으로 그려야 했다. 몽타주를 그리는 일은 재미도 있고 또 몽타주를 통해 범인을 잡았다는 소식을 들으면 보람을 느끼기도 했지만 이곳에 와서도 나는 여전히 답답한 마음이 있었다. 과학수사과의 주요 업무는 살인 사건이 발생했을 때 변사체 지문을 채취하여 범인의 흔적을 찾고, 화학 약품으로 하는 지문 검출과 감정 작업을 하는 것이었는데 여경인 나는 통상 그런 일에서 제외되는 경우가 많았다.

그렇게 어느 곳을 가나 경찰 조직에서는 여자들을 향한 한계선이 있었다. 이 한계선은 오랫동안 이어져 온 남성 중심적인 조직 문화가 만든 것이기도 했고, 여자들이 스스로 만든 것이기도 했다. 나는 이 한계선을 극복하지 않는다면 경력이 쌓이고 승진을 해도 내가 할 수 있는 일이 그저 부차적인 것에 그치겠다는 생각이 들었다.

'이런 보조적인 일만 하다가 결국에는 경찰다운 일도 못 해보고 안주하면서 일반 행정공무원 같이 살게 되지는 않을까…….'

나는 남자들처럼 진짜 수사를 하고 진짜 경찰이 되기 위해서는 나 스스로 무엇을 해야 하는지 매일 되물었다. 과학수사과에서 부패한 토막 변사체에서 지문을 채취하는 일을 여자에게 잘 맡기지 않았던 데에는 여자는 남자보다 비위가 약해 이런 일을 잘 못한다는 경험적 전제가 깔려 있을 수도 있었다. 실제로 현장에 가서 시체 옆에 서니 순식간에 속이 메스껍다 못해 뒤집어지는데 처음에는 정말 참기 어려웠다. 하지만 남자라고 메스껍지 않을까? 여자가 왔다고 시체가 더 역한 냄새를 풍기지 않는 한 그런 일은 없다. 나는 기를 쓰고 참고 또 참으며 아무렇지 않은 척 지문을 채취했다. 처음만 잘 넘기면 다음 번은 훨씬 더 쉬울 것이라 믿었다.

또한 신원불상 변사체 지문 채취실의 냉장고에는 작은 알코올

병마다 지문 채취를 위해 담가놓은 통통 불은 손가락이 가득하여, 냉장고를 열 때는 물론 그 방에 들어가는 것조차 납량특집의 공포 영화가 생각날 정도로 오싹했다. 하지만 이 또한 마음을 강하게 먹고 피해자들을 생각하며 이겨냈다.

그렇게 화성연쇄살인 사건 현장에도 가고 그다음에 일어난 일가족 4명 살인 사건현장에도 나가 지문 감식으로 범인을 밝혀내자 경찰 조직에서는 나를 '깡다구 있는 여경'으로 부르며 본격적인 과학수사 업무에 참여하도록 해줬다. 하나를 잘해냈을 뿐인데 나에 대한 인식이 눈에 띄게 바뀐 것이다. 이후로 시체가 발견되거나 선혈이 낭자한 살인 사건 현장에는 마다하지 않고 뛰어갔다.

토막 난 시체와 태교

그런데 임신을 하고 나니 또다시 넘어야 하는 벽에 부딪혔다. 엄마들은 알 것이다. 임신 중에는 모든 일이 다 걱정이 되고 신경이 쓰인다. '내가 하는 일이 아이에게 나쁜 영향을 미치는 것은 아닐까' 하는 두려움이 엄습하기 때문이다. 특히나 경찰 조직에서는 보통 사람들이 생각하기에 아이에게 해로워보이는 일들이 자주 일어난다.

둘째 아이를 임신하고 있을 때였다. 한번은 개가 신문지에 둘둘 말린 여자 손목을 물고 다녀서 신고가 들어온 적이 있는데, 이 사건에서 토막 시신의 지문 채취 일이 내게 맡겨졌다. 다른 때 같았으면 아무 생각 없이 했겠지만 나도 엄마인지라 '토막 난 시체가 태교에 괜찮을까?' 하는 걱정이 들었다. 그런데 문득 이런 생각이 스쳤다.

'여자 외과 의사는 임신했을 때 사람 배를 가르고 수술도 하잖아? 나는 이깟 손목 만지는 건데 뭐.'

의사가 사람을 살리기 위해 살을 가르고 수술을 하듯 이 일은 흉악한 짓을 저지른 범인을 잡기 위해 경찰로서 당연히 해야 하는 일이었다. 살인 현장을 마주하는 것이 심리적으로 평안함을 주는 행위라고는 할 수 없지만 이는 국민의 안전을 보호하는 매우 중요한 일이다. 따라서 내 마음만 요동하지 않는다면 이는 결코 아이에게 해로운 일이 아닐 것이라는 생각이 들었다.

결론이 나자 나는 시신의 손가락을 정성껏 닦아내어 가는 지문선들이 선명하게 나타나도록 한 후 지문을 채취했고, 그 지문이 결정적 증거가 되어 범인이 잡혔다. 여자가, 그것도 임신한 여자가 시체와 씨름했던 일은 나 스스로에게 앞으로 경찰 조직에서 '여자라고 못 할 일은 없다'라는 자신감을 심어주었다.

나의 끼워 맞추기식 해석일까. 당시 배 속에 있던 둘째 딸은 초등학교 때 생물 해부 숙제를 하는데 횟집하는 친척 집에서 칼까지 빌려와 미꾸라지를 정교하게 해부해서 주변 사람들을 깜짝 놀라게 하더니, 지금은 생명과학을 연구하는 과학자가 되었다.

나는 뭐든지 마음먹기에 달렸다고 믿는다. '여자여서 못해, 엄마여서 못해' 하는 일이 있다면 그 속내를 잘 살펴보자. 정말 여자여서 그런 걸까. 아니면 그 일이 누구라도 감당하기 어려운 것이어서 그런 걸까. 자기 스스로 한계선을 정해놓고 다른 사람이나 상황을 핑계 대며 '나는 여기까지야'라고 생각하는 사람들의 인생은 딱 거기까지라고 생각한다. 하지만 일단 핑계를 버리고, 작은 일부터 시도하고, 부딪치고, 깨지고 하는 사람은 반드시 성장할 수밖에 없다. 나는 경찰 조직 내에 존재하는 여경을 향한 수많은 한계와 싸우길 원했고, 그래서 여자 경찰이 아닌 그냥 경찰로서 내 일을 하고 싶었다.

일하게 해달라!

'여자'라는 사실만으로 넘어야 하는 장벽은 수도 없이 많았다. 내가 아무리 일을 잘해도 '여자라서' 중요하다는 일을 주지 않았고, 승진시험에 합격해 계급이 올라가도 그에 맞는 보직을 주지 않았다. 과학수사과에서 경력을 쌓으면서 경장, 경사, 경위를 거치며 한 계단 한 계단 승진을 했던 나는 경감이 되면서 드디어 채증계장(범죄 현장의 지문·족적 등 증거물을 분석하고 범인 신원을 찾아내는 부서의 담당자)이 될 수 있다는 희망에 부풀었다. 게다가 당시 어렵다고 소문난 경감시험에 경찰대학, 간부후보생 출신들과 경쟁하여 수석으로 합격했으니 채증계장은 쉽게 될 것으로 생각했다.

그런데 경찰청에서는 이제까지 채증계장을 여자가 한 적이 없다는 이유로 발령을 내지 않았다. 채증계는 살인, 강도, 강간 등 전국에서 올라오는 강력 사건의 현장을 감식하는 일이라 여자에게 줄 수 없다는 것이었다. 이게 무슨 '아닌 밤중에 홍두깨'라는 말인가. 지문, 족흔적, 몽타주, 거짓말 탐지기 등 모든 과학수사를 다 경험하며 채증계에서 잔뼈가 굵은 나인데 여자라고 보직을 주지 않는다니.

나는 과학수사과장과 수사 국장에게 읍소했다. 잘할 수 있다, 꼭 하고 싶다, 하게 해달라며 몇 날 며칠을 매달렸다. 그 결과 어렵게 채증계장이 될 수 있었다. 남자였다면 쉽게 됐을 채증계장인데 나는 여자라는 이유 하나만으로 쟁취해야만 했던 것이다.

이후로도 인사철마다 이런 일은 반복되었다. 과학수사과 서무계장인 과학수사계장을 지금까지 여자가 맡은 적이 없다는 이유로 인사에서 밀려났다가 겨우 일을 맡게 되었고, 반대로 여성청소년과는 여자가 해야 한다는 이유만으로 세 차례나 나에게 일이 맡겨졌다.

경찰서장이 될 수 있는 총경 때는 처음에는 충북 진천서장으로 발령이 났다가 경찰청 여청과장으로 2년간 열심히 근무했다. 그후 서울서장으로 나갈 차례가 됐는데 당시 마포발바리 미제사건과 서민 밀집지역으로 남자 총경들에게 선호도가 떨어졌던 마포서장으로 발령이 났다. 결과적으로 그곳에서 마포발바리를 잡았지만 인사철마다 벌어지는 찜찜한 행태는 승진을 해도 달라지지 않았다.

내가 그동안 여경들이 하지 않았던 보직과 업무를 하다 보니 매 단계가 도전과 투쟁의 연속이었다. 2010년 서울청 생활안전부장을 할 때 일이다. 그때 우리나라에서 G20 정상회의가 열렸다. 세계 20개국의 정상들이 모이는 자리인 만큼 경호가 무척 중요했다. 경호를 할 때 정상회의장에서부터 거리에 따라 1선, 2선, 3선까지 경호 라인을 치는데 1선은 대통령경호실 담당이고 2선, 3선은 서울청 담당이었다. 나의 전임 생활안전부장이 경호 책임이어서 당연히 후임 생활안전부장인 내가 2선, 3선 책임자가 되는 것이었다. 그런데 또 부장이 여자라는 이유로 남자 부장에게 넘기라는 명령이 떨어졌다. 10년 전 채증계장을 할 때와 똑같은 상황이었다. 10년이면 강산도 변한다지만 사람들의 인식은 변함이 없었다.

이유는 그럴듯했다. 정상회의 경호는 힘들고 신경 쓸 일이 많으니 넘기라는 것이다. 이 일을 하려면 또 투쟁을 해야 했다. 분명히 생활안전부 업무로 되어 있는 일을 생활안전부장이 하기 위해 투쟁을 해야 한다니 어이가 없었지만 난 하고 싶었다. "여자라서 안 돼!"라는 말을 듣는 것이 죽기보다 싫었다.

나는 상부 지휘관을 찾아가 "하게 해달라"고 매달렸고 결국 그 일을 맡게 되었다. 떼를 쓰다시피 해서 받은 일이라 어느 때보다 잘해야 했다. 코엑스몰 지하 300개 점포를 일일이 찾아다니며 점

공부하는 엄마의 시간은
거꾸로 간다

검했고 3선은 코엑스 지하 반경 3킬로미터까지여서 부지런히 걸어 다니며 경호라인을 챙기고 또 챙겼다. 정상회담 일주일 전부터는 현장에서 먹고 자고 했다. 오직 경호에 집중하고 또 집중했고, 성공적으로 G20 경호를 마칠 수 있었다.

금녀의 유리천장을 깨다

그렇게 하나씩 도전하고 부딪치다 보니 나는 경찰 창설 이래 세 번째 여성 총경, 두 번째 여성 경무관 자리에 올랐고 이어서 여성 최초로 치안감과 치안정감에 올랐다. 치안정감은 경찰청장(치안총감) 바로 아래 계급으로 서울청장, 경기청장, 경찰대학장, 부산청장, 경찰청 차장 등 5명뿐인 경찰 서열 넘버 2자리이다. 따라서 남성 중심의 경찰 조직에서 나의 치안정감 승진은 상당히 파격적인 인사였다.

생각해보면 내가 숱한 유리천장을 깨며 치안정감까지 올라갈 수 있었던 데에는 오히려 여자였기 때문인지도 모른다. 지금은 여경이 만 명 가까이 되고 경찰서장 이상 여경 고위직도 13명이나 되지만, 내가 경찰에 입문할 때만 해도 여성의 최고위직은 총경보다 두 직급 아래인 경감 1명이었고, 전체 여경의 수는 500여 명에 불과했다. 따라서 여경에 대한 선입견이나 편견이 지금보다 더 두터웠고, 하는 일도 훨씬 제한적이었다.

'내가 여기에서 밀리면 내 후배들은 여전히 부차적인 일만 할 거야.'

이런 생각에 나는 업무가 맡겨지면 사소한 것일지라도 더 잘하려고 애썼고 온전히 장악하려고 노력했다. 나는 여성들이 좀 더 치열하게 살았으면 한다. '여자라서 안 돼!'라고 이야기할 때 끝까지 물고 늘어져서 '여자라서 더 잘된다'는 것을 보여주었으면 한다. 물론 이 과정에서 여기저기 상처투성이가 될 수도 있지만 상처는 아물게 마련이고 상처받은 만큼 내공이 생기게 된다.

이유를 찾으면
일이 된다

 과학수사과에서 17년 동안 증거를 분석하고 감정하는 채증계 장과 과학수사계장으로 근무하면서 과학수사의 매력에 푹 빠졌다. 지문, 족적 등 과학수사 기법을 활용하고 컴퓨터 지문감식 시스템을 도입하는 등 미궁에 빠진 사건을 해결하면서 타부처 과학수사과에서 스카우트 제의도 두어 번 받았다. 지금처럼 열심히 하면 우리나라 최고의 과학수사 전문가가 될 수 있다는 꿈을 키워나가던 중이었다.
 그러던 어느 날 생각지도 못한 부서로 가게 되었다.
 '뭐? 나보고 여성정책실로 가라고?'

생전 듣도 보도 못한 부서인 여성정책실로 가라는 말에 나는 어안이 벙벙했다. 여성정책실은 성폭력, 성매매 등 여성을 대상으로 한 범죄가 사회적으로 이슈화되면서 경찰에게 비난을 퍼붓는 여론에 밀린 경찰이 급하게 만든 신설 부서였다. 그런데 왜 과학수사 전문 인력인 나에게 여성 관련 부서의 실장을 맡긴단 말인가. 사실 '여성정책실'이 내키지 않았던 건 '여성'이라는 이름 때문이었는지도 모른다. 내가 '여자'이기에 업무에 제한을 두려는 것이 아닌지 불만스러웠지만 발령이 난 이상 어쩔 도리가 없었다. 나는 '일단 부딪쳐보자' 하고 마음먹었다.

여성정책실의 '이핏대'

여성정책실로 자리를 옮긴 후에는 신설 부서를 꾸려나가느라 정신이 없었다. 먼저 일할 수 있는 업무 공간부터 마련해야 했다. 알아서 업무 공간을 마련하라는 지시를 받고 경찰청 건물을 지하부터 꼭대기 층인 14층까지 다 뒤졌다. 하지만 아무리 찾아봐도 사무실로 만들 수 있는 마땅한 공간이 없었다. 그렇다고 이미 일하고 있는 부서를 옮겨 달라고 할 수도 없는 일이었다. 결국 4층에 있는 창고를 정리한 후 책상과 의자를 갖다놓고 직원 3명과 일을 시작했다.

어느 조직이나 신설 부서는 모든 업무 시스템을 처음부터 만들어가야 하는 '맨땅에 헤딩'의 연속이다. 일할 공간을 마련하는 일부터 인력을 구축하고 예산을 따는 일까지 어느 것 하나 만만한 일이 없었다. 이런 상황에서 업무 체계를 세우고 부하 직원에게 일을 주기 위해서는 누구보다 내가 먼저 이 분야에 대해 공부하고 직접 나서야 했다. 당시 사람들은 나를 '이핏대'라고도 불렀는데, 예산과 인력을 따기 위해 경찰 지휘부는 물론 국회나 청와대 등 관련 부처에 가서 '핏대'를 올리며 떠든다고 하여 붙여진 별명이다. 왜 여성정책실이라는 신설 부서가 생겨서 인력과 예산을 요구하는지 모르겠다는 사람들에게 그 필요성을 말해야 했으니 목에 핏대 세워 떠드는 수밖에 없었다. 내가 수십 수백 번 떠들어대야 요만큼 이해하고 움직이는 상황이었다.

그렇게 떠들어대다 보니 결국 한 달이 지난 뒤 목소리가 나오지 않는 지경에 이르렀다. 참고 참다 할 수 없이 경찰청 가까이에 있는 병원에 갔는데 내 목을 진찰한 의사가 놀란 표정으로 물었다.

"직업이 뭐예요? 이건 가수나 강사 등 목을 많이 쓰는 사람이 걸리는 건데요."

성대결절이었던 것이다. 그렇게 나는 자원한 부서는 아니었지만 신설된 여성정책실의 일을 열심히 해보고자 팔을 걷어붙이고 목청을 높이며 백방으로 뛰어다녔다.

만약 내 딸이라면

그러던 2001년 5월, 내 인생에서 잊을 수 없는 사건이 일어났다. 경기도 광명에서 아침에 학교 가겠다고 집을 나선 한 초등학교 5학년 여자아이가 출소한 지 6개월도 안 된 2인조 강도에게 납치되어 성폭행을 당한 것이다. 그들은 "길 좀 알려달라"고 하면서 여자아이를 차에 태워 경기도 광명의 한 야산으로 데리고 가서 성폭행한 뒤 아이가 하혈을 많이 하니 납치했던 동네 부근에 데려다 놓고 달아났다.

아침에 입고 나간 하얀 운동복이 붉게 물들어 집으로 돌아온 딸을 본 아버지는 부리나케 아이를 안고 병원으로 달려갔다. 하지만 달려간 병원들에서는 어처구니없는 소리가 들려왔다.

"전문의가 없어 진료해줄 수 없습니다."

"우리 병원에는 마땅한 장비가 없습니다."

성폭행 사건에 말려들어 귀찮아지거나 혹시나 법정에 증인으로 가야 되고 책임을 떠안게 될까 봐 말도 안 되는 이유를 대며 진료를 거부한 것이다. 경기도 광명에 있는 종합병원 산부인과 두 곳에서 진료를 거부당한 아버지는 서울 구로와 목동의 대학병원까지 달려갔지만 어디에서도 아이를 받아주지 않았다.

점점 얼굴이 창백해지는 아이를 안고 4시간 동안 병원을 찾아 헤맨 아버지는 '이러다가 내 딸이 내 품에서 죽을 수도 있겠구나'라는 생각을 했다고 한다. 다행히 구로에 있는 한 산부인과 여의사

가 개인적으로 운영하던 성폭력 피해자지원센터의 도움으로 아이
는 진료를 받을 수 있었고, 이후 당시 초대 여성정책실장으로 일하
고 있던 나에게 연락을 해왔다.

이 사건을 접했을 때의 충격을 아직도 잊을 수 없다. 사건을 접
한 나는 가장 먼저 '만약 내 딸이 이런 일을 당했다면 심정이 어떠
할까?' 하는 생각이 들었다. 순간 억장이 무너지는 감정에 온몸이
떨렸다. 경찰 생활을 하면서 '이 일을 내 가족이나 지인이 당했다
면 어떠할까?' 하는 가정은 종종 해왔지만 그때처럼 실제적으로 다
가온 적은 처음이었다. '내 딸에게도 일어날 수 있는 일이다'라는
생각은 내가 앞으로 여성정책실에서 무슨 일을 해야 할지를 명확
하게 해주었다. 나에게 이토록 중요한 일이 맡겨졌는데 여성이니
깐 이런 일을 시키는 게 아니냐고 불평불만만 하고 있었다니 망치
로 머리를 한 대 얻어맞은 기분이었다.

다행히 아이는 한 산부인과에서 세 명의 의사가 달려들어 4시
간여 동안 대수술을 한 끝에 목숨을 건졌다.

이후 나는 범인을 잡기 위해 총력을 기울였다. 사건 현장을 샅
샅이 뒤지자 범인이 떨어뜨린 명함을 찾아냈고, 명함에 묻은 지문
을 감식하여 범인을 잡을 수 있었다. 두 명의 범인은 교도소 동기
로 출소하고 6개월 동안 초등학생, 중고등학생, 대학생, 미혼 여성,
주부 등을 가리지 않고 윤간 16건, 성폭행 23건 등 40여 건의 성폭
행을 저지르고 돌아다닌 놈들이었다.

범인은 잡혔지만 아이와 아버지에게 성폭행을 당한 상처는 깊게 남아 있었다. 버스기사인 아버지는 운전 중에 딸 생각을 하면 분노가 치밀어 핸들을 확 꺾거나 해서 교통사고를 낼 것 같다며 버스기사를 그만두었다. 학교에 소문이 파다해서 학교 가기를 점점 꺼리는 아이를 보며 아는 사람이 아무도 없는 제주도나 다른 나라에 가서 살고 싶다던 아버지의 한숨 섞인 탄식이 오랫동안 귓가에 맴돌았다. 사춘기에 있던 중학교 2학년 오빠 역시 이 사건의 충격으로 엇나가더니 가출하여 비행청소년이 되었다.

'만약 그 초등학교 5학년 여학생이 내 딸이었다면 어땠을까' 하고 생각해보니 정말 미치고 팔짝 뛸 노릇이었다. 성폭행 사건으로 한 가정이 무너지는 것을 보자 피해의 심각성이 피부로 느껴졌다. 나는 퇴직할 때까지 어느 부서, 어느 직책에 있든 여성과 아동, 청소년을 위해 최선을 다하리라고 다짐했다.

참 나쁜 산부인과 병원들

이 사건 같은 아동 성폭력 문제를 해결하기 위해서는 근본적인 처방이 필요하다. 당장 범인을 잡는 것도 중요하지만, 범죄자를 제대로 혼내주고 다시는 동일한 피해자가 생기지 않도록 하는 것이 더욱 중요하다.

나는 초등학교 5학년 아이의 성폭행 사건을 마무리하면서 범인도 당연히 괘씸했지만 생사를 오가고 있는 아이를 받아주지 않은 산부인과 병원들이 너무나도 괘씸했다. 과학수사과에 있는 동안 성폭행범들을 잡아들였다는 결과만 중요하게 생각했지 피해자들이 병원에서 진료조차 거부당한다는 사실도 몰랐다는 게 부끄러웠다.

산부인과가 누구 덕에 먹고사는가? 바로 여자들 때문이다. 그런데 어떻게 성폭행당한 그 어린 여자아이를 외면할 수 있는지 가슴속에서 울화가 치밀었다. 도저히 산부인과 병원들이 괘씸해서 가만히 있을 수 없었다.

먼저 그들의 대응 논리부터 따져봤다. 전문의가 없어서 안 된다? 그렇다면 응급처치를 하고 전문의가 있는 병원으로 옮겨주면 되지 않은가. 장비가 없어서 안 된다? 아니 증거를 채취하는 데 있어 우선 정액 묻힐 면봉 하나만 있어도 되는데 무슨 장비 타령인가.

나는 병원들의 진료 거부를 조사하기 위해 당시 광명경찰서에서 근무하던 10년 경력의 여성조사관에게 도움을 요청했다. 수원지검에 있던 여검사에게도 자문을 구했는데, 응급처치법률에 '특별한 사유가 없는 한 병원은 환자의 진료를 거부할 수 없다'라는 조항이 있었다. 우리는 이를 근거로 병원들을 기소 의견으로 검찰에 송치했다.

그런데 병원은 참 거대한 집단이었다. 병원들의 맞대응이 만만치 않았고, 당시 경정 계급으로 초대 여성정책실장 업무를 맡고 있던 나의 영향력도 일을 추진하기에는 힘이 달렸다. 상사나 동료들 중에서도 쓸데없는 일을 한다며 만류하는 사람들이 많았다. "할 일이 산더미같이 쌓여 있는데 왜 승산도 없는 일에 매달리냐"는 것이었다. 맥 빠지게도 이 사건은 검찰에서 불기소 판정이 났다.

법적으로 병원을 혼내는 데는 실패했을지라도 더 이상 피해자들이 이런 말도 안 되는 일을 당하지 않도록 하는 것이 중요하다고 판단한 우리는 근본적인 대책부터 마련하기로 했다. 먼저 성폭력 피해자들이 치료를 받기 위해 이 병원 저 병원 돌아다니고, 경찰 조사를 받기 위해 이 사람 저 사람 만나며 2차, 3차 피해를 입는 현 시스템을 고쳐야 했다. 그래서 경찰병원 내에 피해자들이 치료부터 상담, 수사, 법률 자문까지 한곳에서 받을 수 있는 원스톱지원센터를 만들었다. 성폭력 사건을 분석해보니 주로 야간과 주말에 많이 발생했다. 그래서 365일 연중무휴로 24시간 여성 경찰이 병원에 상주하면서 응급조치, 증거 채취, 피해자 조사 등을 하도록 함으로써 피해자들이 경찰서를 가지 않아도 되도록 제도를 만든 것이다.

다른 나라에도 비슷한 센터가 있기는 하지만 여경이 상주하는 원스톱지원센터는 세계에서도 전례가 없는 일이라 외국 경찰들이 견학을 오기도 했다. 지난해 말까지 원스톱지원센터가 전국에 20여 개까지 설치되었는데 성폭력 피해자들의 접근성을 위해 경찰과 여성가족부가 함께 60여 개까지 확대 설치 중이라고 한다.

엄마라는 책임감

초등학교 5학년 어린이 사건 이후로 난 성폭력 문제에 더 관심을 가지게 되었다. 특히 어린이 성폭력은 폐쇄된 장소에서 일어나 증인이나 증거를 찾기 힘들고 어린이들에게 진술을 받아야 하기 때문에 무혐의 판결이 나는 경우가 많아 내가 더욱 매달릴 수밖에 없었다.

큰딸 소라가 5학년 때 학교 끝나고 집에 오다가 불량 청소년들에게 돈을 뺏기는 일이 있었다. 딸아이의 귀갓길이 걱정되었지만 일을 해야 했던 나는 이렇게 조언해줄 수밖에 없었다.

"주머니에 천 원짜리를 더 넣고 다녀. 오빠들이 돈 달라고 하면 이쪽 주머니에서 꺼내주고, 또 달라고 하면 반대쪽 주머니에서 꺼내줘."

미봉책이었지만 어쩔 수 없었다. 그때 생각이 나면서 내가 지금 학교폭력 문제를 나서서 해결하지 않으면 내 아이가 피해자가 될 수 있다는 강한 자각을 하게 되었다. 그렇게 성폭력에서 학교폭력, 가정폭력으로 관심 영역을 넓혀나갔다. 그동안 경찰 업무가 아니었던 사각지대 분야에서 일한다는 것이 힘들기도 했지만 내 딸들이 겪을 수도 있는 일이라고 역지사지로 생각하면 내 안에 잠재되어 있는 에너지가 솟아나는 것 같았다.

'내 손 밑에 가시가 남의 고뿔보다 아프다'라는 말처럼 내 일이라고 생각하지 않으면 어떤 심각한 일도 피부로 와 닿지 않는다.

또한 그 일을 반드시 내가 해결해야 한다는 생각도 하기 어려워 의지도 약해질 수밖에 없다.

지금 무슨 일을 하고 있든 간에 그 일이 내 가족, 내 친지 그리고 엄마라면 내 자식과 관련된 일이라고 생각해보라. 아마 지금보다 두세 배의 에너지가 생길 것이다. 거기에 그 일을 나밖에 못한다고 생각하면 책임감이 일에 날개를 달아줄 것이다.

정상도
한 걸음부터다

내가 치안정감이 되었을 때 많은 주목을 받은 이유는 첫 여성 치안정감이기 때문이기도 했지만 내가 경찰대학이나 간부후보생 출신이 아니라 고졸 순경으로 경찰에 입문했기 때문이기도 하다. 대개 순경 공채로 입문해서는 경위, 경감 정도가 한계라는 의식이 깔려 있었고, 어느 언론에서는 순경으로 경찰 생활을 시작한 사람이 치안정감이 될 수 있는 확률은 0.0059퍼센트라고 보도할 만큼 순경 출신의 고위직 진출은 쉽지 않은 일이었다.

실제로 순경으로 들어와 간부후보생을 거쳐 치안정감이 된 사람은 있지만 순경에서 모든 단계를 거쳐 승진하여 치안정감이 된 경우는 남녀를 불문하고 내가 처음이었다.

치안정감이 되면서 내가 처음으로 받은 보직은 경찰 간부를 양성하는 경찰대학의 학장이었다. 그동안 나도 실력과 상관없이 고졸 순경 출신이라는 이유로 경찰대 출신들에게 차별 대우를 받은 적이 없지 않은데, 이제는 내가 그곳의 학장이라는 사실이 아이러니하게 느껴지기도 했다.

치안정감이 된 후 마련된 승진자의 축하 자리에서 한마디 하라는 사회자의 권유에 평소처럼 아무렇지도 않게 마이크를 잡았다. 사실 그때까지만 해도 치안정감이 되었다는 것이 실감 나지 않았다. 그런데 말을 시작하는 순간 왈칵 눈물이 쏟아졌다.

"1977년 순경으로 경찰에 들어와…."

그간 피해자들의 이야기를 들으며 눈물 흘린 적은 많지만 내 이야기를 하면서 눈물을 흘린 것은 그때가 처음이었다. 경찰 생활을 하며 산전수전 공중전까지 겪을 때도 나오지 않던 눈물이 나도 모르게 쏟아졌다. 짧은 순간 36년의 경찰 생활이 주마등처럼 스쳐 지나갔다. 잘 내색하지는 않지만 순경 출신으로 이 팍팍한 경찰 조직에서 살아남기가 쉽지만은 않았다.

순경이야말로 경찰의 꽃이다

순경으로 근무할 때는 잘 몰랐는데 승진을 할수록 학력 차별이 느껴졌다. 대졸 출신이 고졸 출신을 은근히 무시하는 경향도 있었고, 같은 대학 출신의 경찰들은 조직 내에 끈끈한 학연이 있어 선배가 끌어주기도 했다. 아무 학연도, 인맥도 없는 나는 그럴수록 더욱 실력으로 인정받는 길밖에 방법이 없었다.

경찰대학과 간부후보생 출신들은 학교를 졸업하자마자 경위로 임관한다. 따라서 치안정감에 오르려면 총 6번의 승진을 해야 하는 반면, 나와 같은 순경 출신들은 9번의 승진 과정을 거쳐야 한다. 경찰 조직의 승진은 경정까지 시험으로 이루어지는데 위로 갈수록 어렵게 나오고 주관식 시험의 비중도 높아진다. 그래서 대부분 시험을 준비하는 경찰대학이나 간부후보생 출신들은 스터디그룹을 만들어서 공부했다. 경감, 경정 승진시험에 순경 출신들은 거의 없다 보니 나는 스터디그룹에 들어가는 데에도 학력 차별의 벽에 부딪혔다. 고졸 출신에 당시 방송통신대 2학년 휴학생인 나를 아무도 스터디그룹에 끼워주지 않는 것이다. 또 합격자들이 시험공부하며 정리한 서브 노트가 돌았는데 역시나 고졸 출신인 나는 서브 노트도 구할 수가 없었다. 무작정 경찰대생이랑 간부후보생을 찾아가 사정했지만 보기 좋게 거절당했다.

그렇다고 승진시험을 포기할 수는 없는 일이었다. 나는 내가 직접 서브 노트를 만들기 시작했다. 나름대로 열심히 정리해보니 서브 노트가 세 권이나 되었다. 이 서브 노트를 들고 나를 퇴짜 놓았던 경찰대생이랑 간부후보생을 찾아갔다.

"이거 내가 정리한 건데 다 줄 테니까 스터디그룹 함께 하자."

그들은 쓰윽 노트를 훑어보더니 함께 공부할 것을 허락했다. 쓸 만하다고 판단했던 모양이다. 그렇게 셋이 함께 공부를 해서 나는 당시 바늘구멍 같았던 경감 승진시험에 전국 수석으로 합격할 수 있었다.

6년 만에 방송통신대를 졸업했지만 그렇다고 차별이 없어진 것은 아니었다. 같은 대학 같은 기수로 똘똘 뭉쳐 있는 사람들 사이에서 나는 차별을 느꼈다. 직위가 올라갈수록 사람들은 누가 어느 자리에 가는지 촉각을 곤두세웠고 서로를 음해하는 말들도 '카더라' 통신을 타고 경찰청을 떠돌았다. 더군다나 여자에 고졸, 순경 출신인 나는 '카더라' 통신의 주요 뉴스거리가 되곤 했다.

무척 억울하고 외로웠지만 감성에 빠지지 않았다. 나에겐 학벌보다 더 강력한 무기가 있었기 때문이었다. 그건 그간 쌓아온 현장 경험이었다. 순경으로 시작한 나는 일선 파출소 일도 잘 알았고, 과학수사과에서 근무하여 몽타주도 잘 그리고 현장 감식도 잘했다. 대학 출신 경찰들이 학교에서 경찰 업무를 배울 때, 나는 현장에서 몸으로 뛰며 일했기 때문에 민생치안 문제며 현장 실무를 누구보다 잘 알고 있었다. 순경 출신이었기에 경찰 업무를 맨 밑바닥에서부터 고위직까지 두루 경험할 수 있었던 것이다.

따라서 내가 경찰대학장이 되었을 때 가장 중점적으로 두었던 부분도 엘리트 '간부'보다는 엘리트 '민생치안 전문가'를 양성하는 일이었다. 그만큼 현장 경험이 중요했기 때문이다. 간부 양성이라는 경찰대학의 목표답게 경찰대학을 졸업한 학생들은 경찰 조직 내에 주요 보직을 맡으면서 조직을 이끌어가고 있다.

매년 120명씩 배출되는 경찰대생은 졸업과 함께 경위로 임관한다. 전국 10만여 명의 경찰 중에 경위보다 낮은 직급은 87퍼센트에 달한다. 경찰대학을 나온 학생들이 보통 26, 27세에 경위로 현장에 투입되는데 자식 같은 상사가 와서 실무도 모르면서 탁상행정을 하면 어떻게 되겠는가? 그래서 나는 경찰대학 내에 '112 지령실', '지구대 파출소', '범죄 지리정보 시스템' 등 모의 현장을 만들어 학부생 때 실무를 익히도록 했다.

또한 기숙학교이니만큼 학생들이 집처럼 마음 편히 공부할 수 있도록 하기 위해 화단도 조성하고, 병원 건물처럼 하얀색 페인트로 되어 있던 기숙사 건물도 컬러풀하게 바꾸었다. 졸업생들이 엄숙함과 따뜻함을 함께 지닌 경찰 간부로 성장했으면 하는 바람에서였다.

이런 생각을 했던 것은 순경 출신이었기에 가능하지 않았을까 싶다. 경찰 조직에서는 보통 '총경'을 두고 경찰의 꽃이라고 하는데, 내 생각은 다르다. '순경이야말로 경찰의 꽃'이다. 나 역시 말단인 순경부터 시작해 경찰 조직과 업무에 대해 속속들이 알았기에 경찰대학의 부족한 점을 찾아 개선할 수 있었던 것이다.

한 단계부터 내다보라

"고졸 여경에서 첫 여성 치안정감까지 원동력은 무엇이라고 생각하나요?"

여러 매체와 인터뷰를 하면서 가장 많이 받았던 질문 중 하나다. 혹자는 수많은 난관을 뚫고 고위직에 오른 나를 보며 "여성 최초의 지휘관이 되는 것이 목표였느냐?" 또는 "순경일 때부터 경찰청장을 꿈꾸었느냐?"라고 묻지만 나의 대답은 "NO!"이다.

나는 처음부터 그런 목표 따위는 없었다. 다만 경장일 때는 경사가 되길 원했고, 경정일 때는 총경이 되길 원했다. 이유는 경사가 되면 경장 때는 직급의 한계로 할 수 없었던 일들을 할 수 있고, 마찬가지로 경정에서 총경이 되면 경정 때는 할 수 없었던 일들을 할 수 있기 때문이다. 즉 한 단계 한 단계 자리가 올라갈수록 더 많은 일을 내 소신껏 할 수 있다는 사실이 나를 채찍질한 것이지 처음부터 저 멀리 바라보고 나간 것은 아니었다. 돌이켜보면 내가 순경 때 '나는 치안정감까지 해야지'라고 생각했다면 오래전에 진이 빠져서 일을 그만두었을 것 같다.

과학수사과에서 일할 때였다. 당시 지문 용어가 일본식으로 되어 있어서 이해하기도 힘들고 사용하는 데도 어려움이 많았다. 궁상문, 제상문, 와상문, 변태문 등 발음도 힘들었고 단어만 들어서는 무슨 뜻인지 알 수 없는 말들이었다. 게다가 제상문 중에 중핵제상선 등 세부 명칭까지 한자어였다. 또한 지방에서는 지문을 검출하는 방법을 몰라 지문을 통한 수사가 제대로 이루어지지 않고 있었다. 나는 이를 개선하면 좋겠다고 생각하고 상부에 몇 번 건의했었는데, 생각대로 일이 잘 진행되지 않았다. 경위인 내 말이 잘 받아들여지지 않는 느낌이었다.

'직위가 더 높았다면 내 말이 좀 더 먹혔을 텐데.'

나는 이를 바꾸기 위해서라도 시스템 개선에 영향력을 행사할 수 있는 채증계장이 되어야겠다고 생각했다. 실제로 채증계장이 된 이후 일본식 지문 용어를 바꾸었다. '중핵제상선'을 '가장가운데선'으로 바꾸니 발음하기도 편하고 뜻도 한 번에 알 수 있어 좋았다. 그리고 지문 검출법을 지방으로 전파시키고, 지문 전산입력 시스템을 도입하는 등 그동안 꿈꾸었던 일을 하나씩 해나갔다.

그렇게 계급이 높아질수록 내가 할 수 있는 일들이 늘어났다. 그동안 사건 수사 과정에서 해결하지 못한 일들을 자리가 올라가니 해결할 수 있었다. 게다가 중간간부가 아니라 조직에서 가장 높은 사람이 되니 뭐든 확신이 생기는 대로 일을 진행할 수 있었다. 기관장 모임에 가서 아동 성폭력 현안에 대해 강한 어조로 이야기할 수도 있었고, 어떤 사건이 검찰 법원으로 송치된 뒤에는 "이 분야에 대해 전문성을 갖춘 판사와 검사가 담당해야 할 일이다"라고 당당하게 이야기할 수도 있었다.

마포발바리를 잡다

연쇄 성폭행범 마포발바리를 잡을 수 있었던 것도 내가 서장이
었기 때문에 가능한 일이었다. 마포경찰서장으로 부임하고 보니
1년 3개월 동안 13건의 성폭력을 행하고 다닌 일명 '마포발바리'
를 잡지 못해 비난 여론이 들끓고 있었다. 주민들은 언제 사건이
터질지 몰라 불안에 떨고 있었지만, 직원들의 사기는 바닥에 떨어
질 대로 떨어져 있었다.

1년이 넘도록 마포와 서대문 일대를 샅샅이 뒤졌는데도 범인은
여전히 오리무중이었고 연이어 일어나는 사건으로 언론은 매일같
이 비난을 퍼부었다. 당시 형사 과장은 누적된 과로로 병원에 입원
해야 한다는 의사의 권고까지 받은 상태였고, 전임서장은 전출 가
면서 "마포발바리는 할 수 있는 수사를 다해서 더 할 것이 없으니
괜히 직원들을 고생시키지 말라"고 당부할 정도였다.

그렇다고 주민들의 안전을 위협하는 범죄자를 가만 놔둘 수는
없는 일이었다. 토요일마다 수사본부 회의를 하면서 사건을 처음
부터 재수사하기 시작했다. 나는 삼겹살에 소주를 기울이면서 직
원들을 격려하고 수사를 진행했다. 그리고 그동안 수사 경험 중에
서 활용할 만한 것을 생각해봤다.

'그래, 몽타주를 붙이는 거야!'

몽타주는 범죄 심리를 억제하고 주민들에게도 경각심을 갖게
하는 효과가 있다. 그동안 당한 피해자들의 진술을 정리하여 범인

의 얼굴을 그린 후 부하 직원들에게 단호하게 지시했다.

"범인 얼굴로 마포구를 도배하라!"

몽타주를 붙여서 범인의 행동반경을 제약한 후 처음부터 다시 탐문 수사를 시작했다. 범인이 이동했을 만한 곳을 일일이 찾아다니며 사람들에게 몽타주를 보여주면서 범인이 남긴 흔적을 쫓았다. 또한 여경에게 아동피해자를 언니처럼 돌봐줄 것을 주문하며 피해자를 보호하는 데 각별히 신경 쓰도록 지시했다. 성범죄는 피해자만 잘 보호해도 사건의 단서를 찾을 수 있다. 따뜻하게 살피면서 아이를 안심시킨 다음, 범행 당시처럼 눈을 가리고 아이를 차를 태웠더니 아이가 기억이 난 듯 이야기했다.

"자동차 문 여는 소리가 드르륵 하고 났어요."

범행에 사용된 차가 일반 승용차가 아니라 옆으로 문이 열리는 승합차라는 증거였다. 바로 그 시간 그 일대를 지나간 모든 승합차를 추적해 용의자를 찾도록 했다. 그리고 탐문 수사 중에 동네 신발가게에서 결정적인 단서를 찾았다. 성폭행을 하고 50만 원짜리 수표를 훔친 범인이 신발을 사고 잔돈을 거슬러 갔다고 했다. 성폭행 뒤 수표를 강취당한 피해자가 은행에 도난 수표로 신고를 했는데, 가게 주인이 은행에서 수표가 사용 중지된 것을 확인하고 아까워서 봉투에 넣어 보관하고 있었던 것이다. 봉투에 들어 있었으니 지문이 잘 남아 있었고 그동안의 수사와 증거 자료를 종합하여 마포경찰서장으로 부임한 지 한 달여 만에 범인을 잡을 수 있었다.

아동과 여성을 대상으로 한 강력 범죄는 검거가 최선의 예방으로 무조건 빨리 잡아야 한다는 것이 내 신념이었다. 그래서 마포발바리 사건을 수사할 때는 주변 눈치 보지 않고 일을 강하게 밀어붙였다. 자리가 주는 희열은 그런 것 같다. 아래 직급일 때보다 내 신념대로 일을 진행할 수 있다는 것 말이다.

자리가 아닌 일에 집중하다

직장인이라면 대부분 승진을 꿈꾼다. 왜 직장인들은 인사평가에 목을 매며 승진하고 싶은 것일까? 더 높은 연봉을 위해서? 승진을 해야 잘리지 않고 계속 일할 수 있으니까? 승진에서 떨어지면 체면 유지가 안 되니까? 물론 모두 승진의 이유가 될 수 있다. 하지만 나는 자리 자체가 목표인 삶만큼 매력적이지 않은 삶도 없다고 생각한다.

경찰 조직 내에서도 승진을 목표로 일하는 사람들이 많다. 그런 사람들의 특징은 어떤 사건이 터졌을 때 승진에 도움이 될 것 같은 사건이면 눈에 불을 켜고 열심히 하고, 그렇지 않은 사건이면 남들에게 떠밀거나 대충대충하는 경향이 있다. 승진에 유리한 부서로만 가려고 애를 쓰면서 경찰 본연의 업무보다는 자리에 더 집중하는 경우가 많다.

하지만 이런 마인드에는 힘이 없다. 그래서 이런 사람은 대개 중간관리자까지는 올라갈 수 있지만 그 이상은 힘들다. 어느 조직이든 일 자체에 열정적인 사람을 원하지 개인의 부와 명예만을 위해 일하는 사람은 원치 않기 때문이다.

나는 승진을 하면 그 직급에서 어떤 일을 할 수 있는지부터 알아보았다. 과학수사과 업무부터 성폭력, 성매매, 가정폭력, 교통, 인사, 경호 업무 등 직급이 올라가고 보직이 바뀔수록 할 수 있는 일들이 많고 다양했다. 맡은 업무에 관심을 가지고 열심히 하니 성과가 나고 그러다보니 일이 좋았다.

나는 일을 완벽하게 해놓지 않으면 자신을 들들 볶는 성격이다. 그렇게 일하는 것이 힘들기도 하지만 일을 마쳤을 때 희열이 있었다. 더군다나 그 성과가 나만의 기쁨이 아니라 국가와 국민에게 도움이 된다는 것에 어깨가 으쓱하고 올라갔다. 그래서 승진보다는 일에 더 초점을 맞춰 일하지 않았나 싶다. 승진을 하는 것은 여태껏 열심히 일했으니 직위를 올려 더 열심히 일하라는 의미이다. 승진의 목적에 '일'이 있어야지 '자리' 자체에 있다면 결국 방향을 잃고 말 것이다.

도가니처럼
끓어오르다

내가 광주지방경찰청장으로 부임한 지 5개월 후 마치 내가 광주청장으로 오기를 기다렸다는듯이 영화 〈도가니〉가 개봉됐다. 영화는 개봉되자마자 전국적으로 큰 반향을 일으켰지만 나는 영화를 볼 엄두가 나지 않았다. 성폭력 피해자들을 가까이에서 봐왔기 때문일까. 그들의 아픔과 상처가 내게도 남아 있어 영화를 보며 다시 떠올리고 싶지 않았기 때문이다. 하지만 영화의 사회적 파장은 날로 커져서 인화학교에서 발생한 지적장애학생 성폭행 사건을 재수사해야 한다는 여론이 조성되었고, 경찰청에서 광주청장을 수사본부장으로 재수사하라는 지시가 내려왔다. 그 사건의 수사 책임이

운명처럼 나에게 주어진 것이다.

그러나 사건 재수사를 놓고 경찰 내부에서는 부정적인 여론이 대부분이었다. 경찰 안팎에서는 물론 법조계에서도 7년 전에 이미 증거불충분으로 무혐의 처분을 받은 사건에 대해서는 재수사를 통해 증거를 찾아내더라도 처벌이 어려울 것이라는 견해가 많았다. 수사본부장인 나도 같은 생각이었지만 피해 학생들의 충격과 고통을 생각하면 사건의 진실을 모두 밝혀내야 한다는 무거운 책임감을 느꼈다.

재수사를 시작하다

도가니 사건 재수사가 결정된 직후 나는 출정식을 하는 심정으로 수사팀은 물론 여성청소년과, 광주지방경찰청 관련 직원들과 함께 영화를 보러 갔다. 영화 관람 후 인근 식당에서 칼국수를 먹으며 영화 관람 소감과 앞으로의 수사 진행에 대해 자유롭게 의견을 나누었다. 그 자리에 모인 팀원들은 모두 영화의 특성상 사건이 과장되었을 수는 있지만, 당시 성폭력 수사를 위한 체계적 시스템이 부족하여 수사에 미진한 부분이 있었다는 점에 의견을 같이했다. 그러곤 모두 피해자들의 아픔과 억울함에 공감하며 진상 규명을 다짐했다. 나는 그 자리에서 수사본부장으로서 담담히 이야기를 이어갔다.

"약자를 보호하는 것은 광주 경찰의 존재 이유입니다. 끔찍한 성폭행의 고통 속에서 괴로워하는 피해 학생들에게 우리 경찰이 힘이 되어주어야 합니다. 또한 완벽한 재수사를 통해 국민들이 품고 있는 경찰에 대한 불신과 의혹도 해소해야 합니다."

수사팀의 열정은 넘쳤지만 재수사가 성과를 내기 위해서는 열정만으로는 부족했다. 지적장애아동 성범죄 수사에 가장 적합한 수사기법이 총동원되어야 했으며, 이미 2005년부터 2006년에 걸쳐 관련자들에 대한 수사 결과 무혐의되었던 사건이라 좀 더 확실한 증거가 필요했다.

내가 가장 먼저 한 일은 성폭력의 정의와 성폭력 피해 장애인들의 특징인 진술의 비일관성, 부정확성에 대해 팀원들을 가르치는 것이었다. 아이들이나 지적장애인들은 대부분 자신이 당한 성폭력에 대해 물으면 고개를 흔들거나 먼 산을 바라보며 딴청을 피운다. 이는 당시의 끔찍한 기억을 다시 꺼내는 것이 아이들에게 결코 쉬운 일이 아니기 때문이다. 이런 사건에서 피해자 진술이 '아이들이 산만하다', '말이 앞뒤가 맞지 않는다'라는 이유로 잘 채택되지 않는 것도 이 때문이다.

또한 다른 성폭력 사건과 달리 지적장애인들의 성폭력은 그들이 지닌 장애에 대한 이해를 바탕으로 그들이 이해할 수 있는 언어와 마음으로 소통해야 한다. 청각장애인들을 위해서는 수화통역사가 필요하고, 지적장애인들에게는 그들과 소통하며 마음 문을 열어줄 수 있는 사람이 필요하다. 내가 여성청소년과장으로 있을 당시 아동이나 장애인을 조사할 때에는 전문가가 참여하도록 하는 '전문가 참여제'를 법제화해 놓았는데 그것이 이번 수사에 큰 도움이 되었다.

도가니는 아직 끓지도 않았다

재수사를 시작하면서 가장 어려웠던 점은 오래된 일이라 수사자료가 부족하다는 사실이었다. 그래서 그동안 성범죄 업무를 담당하면서 알게 된 NGO 단체들과 시·구청 관계자들, 도가니사건대책위원회 등을 초청해 간담회를 가지며 도움을 진지하게 요청했다. 하지만 그들은 청장이 직접 주재하는 간담회인데도 '경찰이 해봤자'라는 불신으로 팽배했고, 협조 의사가 없는 냉담한 분위기를 이어갔다. 이들과 교감하고 신뢰 관계를 구축하는 게 가장 급선무의 일이라 판단한 나는 직원들이 퇴근한 토요일 오후 청장 집무실에서 비밀리에 인화학교 교직원들을 만나 그들의 이야기를 듣고, NGO 단체들과 따로 식사도 하며 간곡하게 부탁했다. 그러자 점차 협조하는 분위기가 형성되었다.

그러는 와중에 기관장 모임이 있어서 참석했는데 한 기관장이 이렇게 말했다.

"도가니가 쇳물을 끓이는 그릇 아닙니까? 이제 끓을 만큼 끓었으니 그만합시다. 자꾸 떠들면 광주 이미지만 나빠져요."

좋은 게 좋은 거라는 처세를 따라야 한다는 식의 기관장 말에 '또다시 여경청장이라 그렇다는 뒷말을 듣게 되겠구나'라고 생각했지만 할 말은 해야 했다.

"무슨 소리입니까? 아직 도가니는 끓지도 않았습니다. 지금 시작이에요. 피해자들에게는 여러분들의 도움이 필요합니다. 7년 전 기관장들이 진실을 못 밝혀 무혐의 판결이 난 도가니의 진실을 우리가 밝힌다면 오히려 광주를 믿게 될 것입니다. 경찰 수사 단계를 거쳐 검찰, 법원으로 가게 되는데 관심 가져주시면 감사하겠습니다."

내가 간곡하면서도 강경하게 주장하자 고개들을 끄덕였다. 이렇게 자칫 의혹을 남긴 채로 끝날 뻔했던 도가니 수사가 NGO 및 인화학교 교직원 간담회와 기관장 모임에서 큰 성과를 얻고 우리는 한 발짝 한 발짝 진상 규명을 위해 나아갔다.

엄마들이 뿔났다

재수사를 하면서 여러 전문가들을 만나 도움을 요청했는데 특히 현재 한국여성변호사회 회장인 이명숙 변호사와 현 국회의원인 연세대 소아정신과 신의진 교수가 사건 해결에 큰 도움을 주었다. 우리 셋은 모두 자식을 둔 엄마들이었다. 이명숙 변호사는 도가니 사건이 단순 강간 사건이 아니라 강간치상인 점을 들어 사건 공소시효를 7년이 아닌 10년으로 볼 경우 아직 공소시효가 1년이 남아서 처벌이 가능하다는 법적 조언을 해주고 성폭력 전문 변호사 5명으로 구성된 매머드급 무료 변호인단을 구성해 2심 확정 판결 때까지 변론을 맡아주었다.

신의진 교수는 피해 장애인 10여 명이 병원에 입원하여 치료를 받으며 편안한 가운데 진술할 수 있도록 배려해주었다. 그동안 뿔뿔이 흩어져 성폭행의 상처를 홀로 감당해야 했던 피해 장애인들은 함께 모여 자신들의 상처를 밖으로 꺼내놓고 이야기하면서 서로 치유받을 수 있었다.

이런 과정을 통해 영화 속에서 두 손을 묶고 지적장애학생을 성폭행한 내용이 실제 일어난 일이라는 강한 확신을 갖게 되었다. 그 전에는 사람으로서는 도저히 할 수 없는 일이라는 생각에 영화적으로 과장된 장면이 있을 것이라 생각했는데 그게 아니었다. 행정실장을 비롯한 가해자들에 대한 분노가 치밀었고 반드시 이 사건의 전모를 밝혀내고 말겠다는 의지가 다시 한 번 샘솟았다. 그러던 중 '지성이면 감천'이라고 영화 속 그 장면을 목격한 사람이 있다는 제보를 받았다.

타자 소리 정도 들을 수 있는 청각장애인 영수(가명)는 지나가다가 행정실장이 지적장애학생의 손발을 묶고 성폭행하는 과정을 우연히 목격했다. 그 후 영수는 행정실장으로부터 심한 폭행과 협박을 당하고, 그 충격으로 자살 시도까지 했다고 한다. 처음에 영수는 과거 폭행 피해에 대한 두려움 때문에 진술을 거부했다. 나는 영수를 직접 경찰청장 집무실로 데려와 이야기를 나눠보기로 했다. 신의진 교수에게 어떻게 대화하면 좋을지 조언을 받고 진심 어린 위로와 설득을 반복했다.

"영수야, 떠올리기 싫은 과거를 말하는 것이 너무 힘든 일이라는 걸 알아. 하지만 이 과정을 통해 너의 두려움과 슬픔도 치유될 수가 있단다. 너와 친구들을 괴롭혔던 나쁜 놈들도 혼내줄 수 있고. 지난번 수사 때는 제대로 수사가 이루어지지 않아 실망스러웠겠지만 지금은 달라. 광주청장이 직접 수사지휘를 하고 있어. 내가 너희를 대신해서 반드시 그 나쁜 놈들을 혼내줄게."

7년 동안 굳게 닫혀 있던 마음의 문을 여는 것은 쉬운 일이 아니었다. 하지만 진심이 전달되었는지 영수는 몇 번 만남을 이어가자 나를 '이모님'이라고 부르며 자신의 아픔을 하나씩 풀어놓기 시작했다. 영수는 손으로 글을 써가며 진술을 해나갔는데 한 자 한 자 과거의 두려웠던 기억을 풀어놓으며 몸을 부들부들 떨고 뒤트는 등 힘겨워하는 모습을 보였다. 영수가 심하게 경련을 일으킬 때마다 내가 할 수 있는 일은 그런 영수를 따뜻하게 안아주는 것뿐이었다. 영수는 진술을 해주는 것뿐만 아니라 학교에 함께 가서 현장검증을 하는 수준으로 아주 세세한 부분까지 수사에 도움이 되는 사실들을 기억해서 알려주었다.

공부하는 엄마의 시간은
거꾸로 간다

사건 해결의 시작은 피해자에 대한 진정한 이해와 신뢰 회복이라는 점을 다시 한 번 깨닫게 된 순간이었다. 영수는 지난날의 정신적 상처로 불면증에 시달렸는데 수사에 협조하고 치료를 병행하면서 두 다리를 쭉 뻗고 잘 수 있게 되었다고 이야기했다. 과거의 기억을 떠올려야 하는 힘든 시간을 잘 견디어준 영수에게 고마울 따름이다.

아이들과의 약속

신의진 교수의 도움으로 인화학교에서 피해를 당한 아이들의 상담 치료가 이어졌다. 충격적인 사실은 여덟 명 중에 두 명이 지끔껏 한 번도 편히 잠을 자본 적이 없을 정도로 심각한 트라우마(외상 후 스트레스 장애)에 시달리고 있었다. 상담을 하고 약을 먹으면서 처음으로 중간에 깨지 않고 잠을 잤다고 한다. 더욱 놀란 것은 이들은 한 번도 친구들끼리 이런 이야기를 해본 적이 없다고 했다. 병원에 와서 수화 통역자가 옆에 있으니까 한 명이 얘기를 하면, 또 다른 사람이 이어서 말하는 식으로 처음으로 대화를 이어 갔다.

도가니 사건은 이렇게 성폭행에 의한 트라우마와 피해자 진술의 신뢰성 여부 그리고 결정적인 목격자 영수의 진술을 통해 최종적으로 범죄 사실을 입증할 수 있었다. 결국 성폭행과 학원 비리에 연루된 14명이 형사입건되었고, 그중에서 수년간 지적장애 여학생을 성폭행하고 이를 목격한 다른 학생을 폭행한 행정실장은 법원에서 12년형을 선고받았다. 행정실장은 2심에서 징역 8년 선고 후 형이 확정되었다.

구속영장이 떨어졌다는 얘기를 들었을 때, 청장이라는 직함을 달고 있다는 게 그렇게 보람될 수가 없었다. 이로써 도가니 사건 수사도 마무리되었다. 수사를 총 지휘한 수사본부장으로서 '할 일을 다 했다'는 안도의 한숨이 나왔다. 무엇보다 "너희들을 괴롭힌 나쁜 놈들을 반드시 혼내주겠다"는 피해자들과의 약속을 지킬 수 있어서 정말 다행이었다.

몇 년이 지났는데도 도가니 사건은 어제 일처럼 생생하게 기억에 남는다. 워낙 대중과 언론의 관심을 받은 사건이기도 했지만 가장 보호받아야 할 대상에게 행한 어른들의 끔찍한 범죄가 경찰로서 또 엄마로서 내가 할 일을 명확히 알려줬기 때문이다. 피해자들은 내가 광주를 떠난 뒤 부임지마다 놀러 왔다. 경찰대학에 와서는 경찰 제복도 입어보고 순찰차도 타보며 행복해하던 모습에 내가 힐링이 되는 것 같았다.

미운 오리,
백조가 되다

오리들 틈에서 온갖 구박을 받으며 자란 오리 새끼가 알고 보니 하늘을 나는 백조였다는 동화는 누구나 다 알 것이다. 보통 조직에서 비난받고 구박받는 사람들을 미운 오리 새끼에 비유하곤 하는데 딱 내가 그랬다. 남성 중심의 조직에서 나는 눈엣가시 같은 존재로 내가 열심히 일할수록 칭찬보다는 비난이 쏟아졌다. 친한 지인들에게 종종 "나는 오래 살 거야" 하고 자신 있게 이야기하곤 하는데 경찰 생활을 하며 그만큼 욕을 많이 먹었기 때문이다. 피해자들은 나를 좋아하고 고마워하는 경우가 많았는데 경찰 내부에서는 나를 썩 좋아하지 않았다.

미운 오리 새끼의 오기

경찰 승진에서 총경 아래까지는 여성에게 배정된 자리가 정해져 있는 반면, 총경부터는 따로 배정된 자리가 없다. 따라서 내가 승진을 하게 되면 다른 남자 경찰이 떨어져야 하는 상황이었다. 그래서인지 내가 총경으로 승진하면서부터 나에 대한 비난과 눈총이 더 심해졌다. 총경 이전까지 세찬 바람을 맞으며 일했다면 총경이 되면서부터는 삭풍을 뚫고 일을 해야 하는 상황이었다.

"이금형 과장은 안 해도 되는 일을 한다."

"점수 따기 위해 일한다."

"여경이라 시켜줬더니 너무 설친다."

이런 쓴소리와 함께 버텨온 세월이었다. 한번은 이런 일도 있었다. 여성청소년과장을 할 때 결재 서류를 만들었는데 과장, 심의관, 국장이 차례로 결재를 할 수 있도록 결재 칸을 만들어 내가 먼저 사인을 하고 심의관에게 올렸다. 그런데 심의관이 기분 나쁘다는 듯이 이야기했다.

"너는 내가 우스우냐?"

무슨 소리인지 당황해서 그 이유를 물었더니 과장 결재 칸이 심의관 결재 칸보다 크다는 것이었다. 어이없이 깨지고 자리에 돌아와 자로 결재 칸의 길이를 재어보니 똑같았다. 이렇게 사소한 이유로 깨진 것이 한두 번이 아니었다. 과장인 내가 설친다고 국장을 대신 혼낼 때도 있었고, 전체 회의 석상에서 혼쭐이 나기도 했다.

보통 여경들은 심하게 깨지 않는데 내가 강하다고 생각해서인지, 나는 좀 세게 깨야 알아듣겠다 싶어서 그랬는지 그 정도가 강했다. 정말 죽을 맛이었다. 그래서였을까? 나는 경무관과 치안감 승진을 할 때 1차에서 떨어졌다.

"자리도 모자라는 판에 순경에서 시작한 여경이 총경까지 했으면 됐지 뭘 더 바라느냐?"

똑같은 위치에서 새벽부터 밤늦게까지 뛰며 더 많은 성과를 냈는데도 이런 말을 들었다. 내가 윗사람들에게 깨지면 얼마 안 되어 주변에 파다하게 소문이 났다. 어느 날은 남편까지 소문을 듣고 와서 나를 위로했다. 남편의 선후배 중에 경찰 내부에서 근무하는 사람이 있었기 때문이다. 하지만 신기하게도 깨지면 깨질수록 나에게는 오기가 생겼다.

"나처럼 일 잘하는 사람 못 알아보면 경찰이 손해지 뭐. 내가 경찰 못한다고 못 먹고 사나? 그래! 내가 나갈 때 나가더라도 확실하게 인정받고 나간다!"

나는 더욱 일에 매달렸다. 일의 성과와 업무 능력만이 미운 오리 새끼에서 탈출하는 일이라고 생각했다. 그런데 이상하게도 일을 열심히 할수록 더 미운 오리 새끼가 되어갔다. 당시에 경찰청 조직 안에 여경들의 모임이 있었는데 친목을 다지는 모임이라 업무에 집중했던 나는 잘 나가지 않았다. 그랬더니 모임에 나오지 않는다는 이유로 좋지 않은 이야기들을 했다. 또한 "이금형은 일을 세게 시켜서 아래 직원들이 싫어한다"라는 말이 경찰청 내에 파다하게 퍼지기도 했는데 이 말은 비수가 되어 내 가슴에 꽂혔다.

처음에는 화가 났지만 '부하 직원들은 이렇게 생각할 수도 있구나' 하며 넘어갔다. 그렇다고 내가 일하는 방식을 바꿀 수는 없었다.

반면에 나에게 고마움을 표시하는 직원들도 있었다. 내 밑에서 일을 배워 잘된 사람들은 지금도 "청장님 밑에서 일할 때 정말 힘들었는데 일은 많이 배웠어요"라고 이야기하며 안부를 묻곤 한다. 이런 말 한마디에 기운을 차리고 미운 오리 새끼 시절을 버티지 않았나 싶다.

경찰청 백조

그렇게 여기저기서 깨지며 하루하루를 버텨가던 과장 때 경찰청장과 함께 80여 명이 남산 중국집에서 회식을 한 적이 있다. 청장이 테이블별로 폭탄주를 만들고 건배사를 하자고 제안했다. 나는 같이 앉은 동료들에게 이야기했다.

"우리 테이블은 내가 폭탄주를 말겠습니다."

테이블을 돌며 폭탄주를 만들어 돌리고 건배사를 할 때마다 원샷을 했다. 드디어 우리 테이블에서 건배사를 할 차례. 폭탄주 몇 잔을 이어 마셔 거나해진 내가 대표로 일어나서 청장님께 이야기했다.

"전 정말 열심히 일하는데 매일 깨지기만 하고, 저는 미운 오리 새끼입니까?"

순간 분위기가 싸해졌지만 청장님은 별 대답을 안 하셨고, 자연스럽게 다음 테이블로 건배사가 이어졌다. 회식 자리가 끝나고 헤어질 무렵 술에 취한 나는 청장님을 향해 두 손으로 하트를 그리며 크게 이야기했다.

"청장님, 사랑합니다."

그리고 절도 있게 거수경례를 했다.

"충성!"

그러자 청장님은 물론 주위 사람들도 황당해했다. 경찰 조직에서 누가 청장님께 하트를 날리겠는가. 나는 그랬다. 깨졌다고 꿍하게 있지 않고 일단 부딪쳐 보았다.

그러던 어느 날 전국의 수사형사과장이 모인 자리였다. 일전에 남산 중국집에서 회식을 할 때 내가 "저는 미운 오리 새끼입니까?"라고 투정을 부렸던 청장님이 느닷없이 나를 지목하며 말씀을 이었다.

"자 모두들 이금형 과장만큼만 일해라. 이금형 과장은 미운 오리 새끼가 아니라 경찰청 백조다."

생각지도 못한 청장님의 칭찬에 순간 지난날의 힘들었던 마음이 눈 녹듯 사라졌다.

지금 이 순간에도 구박받고 힘들어하는 수많은 미운 오리 새끼

"이금형 과장은 미운 오리 새끼가 아니라 경찰청 백조다."
생각지도 못한 청장님의 칭찬에
지난날의 힘들었던 마음이 눈 녹듯 사라졌다.

2014년 강서서 셉테드 행복마을을 방문했을 때

들이 있을 것이다. 나는 그들에게 구박받는다고 원망하거나 좌절하지 말고 실력으로 극복하라는 이야기를 해주고 싶다. 마음을 강하게 먹고 실력을 쌓다보면 어느새 업무가 나 중심으로 돌아가게 될 것이다. 나 역시 "설친다"라는 말을 수도 없이 들었지만 나중에는 신뢰와 지지를 받지 않았는가? 미운 오리 새끼 시절을 잘 견디다보면 백조가 되어 하늘을 훨훨 날아다닐 시간이 반드시 온다.

금녀의 조직에서
유리천장 깨뜨리기

1. 업무를 장악하라

일하는 데 있어 업무 장악력만큼 중요한 것이 없다. 내 업무를 손금 보듯이 훤히 꿰고 있고 누구보다 잘 해낸다면 여성이라는 편견은 남의 이야기가 된다.

2. 주어진 업무는 무조건 부딪쳐보라

어떤 일이든 일단 "예스!"라고 말한다. 일단 해보고 문제가 있으면 그때 이야기해도 된다. 이 일은 이래서 안 되고, 저 일은 저래서 못한다고 하면 나에게 주어지는 일은 줄어들기 마련이다.

3. 내 가족이라 생각하라

함께 일하는 직장 동료나 일로 만나는 사람들을 내 가족처럼 생각해보라. 사랑하는 가족을 위한 일이라고 생각하면 더 뜨겁게 일할 수 있다.

4. 여자의 강점을 발휘하라

여자의 최대 강점은 공감 능력이 뛰어나다는 것이다. 여자의 약점을 안타까워하지 말고 강점을 최대한 발휘해보자.

5. 업무 능력의 확장을 위해 승진하라
승진을 할 때 염두에 둬야 할 것은 돈과 명예보다는 업무 능력
확장이다. 자신의 능력을 키우고 회사를 발전시키기 위해 노력
한 결과로 승진이 되게 하라.

6. 도와줄 사람을 찾아라
백지장도 맞들면 낫다. 자신의 능력을 과시하기 위해 혼자 하
려고 애쓰기보다는 업무에 맞는 사람을 찾아 적극적으로 요청
하라.

7. 약속을 지켜라
직장 동료와의 약속, 고객과의 약속, 나 자신과의 약속 등 어떤
약속이건 내가 한 약속은 꼭 지켜라. 신뢰는 인간관계에서 무척
중요한 버팀목이다.

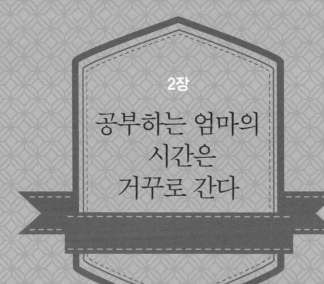

2장

공부하는 엄마의
시간은
거꾸로 간다

엄마에게 공부가
필요할 때

결혼 후에도 나는 한동안 화가와 경찰 사이에서 시소 타기를 했다. 프로 경찰이 되고 싶기도 했지만 일하느라 아이들 보느라 몸이 녹초가 될 때는 젊은 시절 이루지 못한 꿈이 계속 마음에 맴돌았고, 내가 힘든 이유가 화가가 되지 못해서라고 생각하기도 했다. 그러던 시기에 고등학교 은사님의 말씀이 생각났다.

"인생은 한 폭의 수채화다. 자신의 인생을 잘 채색해가야 한다."

'나는 내 인생을 잘 채색하고 있는 것일까?' 스스로에게 물어보니 "아니"라는 대답이 나왔다. 지금 나는 눈앞의 현실을 무시하고 과거의 꿈만을 좇고 있었던 것이다. 사람들의 인생은 각자의 예술

66

작품이다. 각자의 상황과 적성에 맞추어 아름답게 만들어 가면 된다.

'그래, 방황을 멈추고 경찰로서 내 인생을 잘 채색하는 것으로 화가의 꿈을 대신하자.'

그때 내 나름대로 인생의 중대 결정을 내렸다. 과거에 연연해하지 말고 주어진 상황에서 더 성장하는 삶을 살기로 했다. 나는 내게 맡겨진 경찰 일을 더 멋지게 해내는 것이 내 삶에 대한 의무라고 생각했고, 어떻게 하면 나를 더 발전시킬 수 있을지 생각했다. 그리고 그 해답은 이 일에 대해 더 공부하는 것으로 결론 내렸다.

그렇게 나는 고등학교를 졸업하고 직장 생활을 시작한 지 15년 만에 대학 공부를 시작했다. 그것도 결혼을 하고 애 셋을 낳고 시댁 식구들과 함께 아홉 명이 한 집에서 복닥거리며 살 때이다.

늦깎이 대학생

프로 경찰이 되기 위한 첫 단계로 방송통신대 법학과에 들어갔다. 당시 나는 과학수사과 경위로 근무하고 있었는데 경위의 위치는 법 집행기관의 초급 간부이다. 법 집행기관의 간부 경찰로서 법을 집행하려면 법을 잘 알아야 하기 때문에 나는 법학과를 선택했다.

방송통신대는 매일 학교에 나갈 수 없는 사람들이 방송 매체를 통해 원하는 공부를 할 수 있는 곳으로 국가에서 운영하여 학비도

저렴하다. 그래서 나는 이 방송통신대를 '국민의 대학'이라고 부른다. 하지만 방송으로 공부를 한다고 학사 관리가 느슨할 것이라고 생각하면 오산이다. 누구나 입학할 수 있지만 누구나 졸업할 수 없는 곳이 바로 방송통신대이다. 방송통신대에서 공부하는 데 있어 가장 중요한 것은 본인의 의지다. 일정한 시간에 한 장소에 모여 공부하는 것이 아니기 때문에 스스로 일정을 짜고 공부할 시간을 확보해야 한다.

고등학교를 졸업하고 15여 년 만에 그것도 애를 낳고 시작한 공부가 마냥 쉽지는 않았다. 교재마다 자다가 흘린 침 자국, 쏟은 커피 자국이 가득했다. 어려운 법학 용어들은 이해가 되는 듯싶다가도 며칠이 지나면 알쏭달쏭 헛갈릴 때가 많았다.

그러나 시간이 지나면서 점점 법학 공부의 매력에 빠져들고 나만의 공부법을 터득해가면서 공부를 한다는 것이 그렇게 즐거울 수 없었다. 법학 이론이 대부분 현장에서 벌어지는 문제를 해결하기 위해 탄생한 것이므로 실무를 하면서 공부를 하니 무슨 말인지 이해가 쏙쏙 되었다. 그야말로 이론과 실무를 두루두루 겸비할 수 있는 좋은 기회였다.

나는 방송통신대를 6년 만에 졸업했다. 다른 사람들에 비하면 졸업까지 참 오랜 시간이 걸렸지만 그동안 여름, 겨울 휴가철에도 수업에 출석하느라 자식들과 휴가 한 번 못가고 눈물겹게 공부했다. 중요한 것은 '얼마 만에 공부를 마치느냐'가 아니라 '자신이 처한 환경에서 얼마나 꾸준히 공부하느냐'라고 생각한다. 성실한 것만큼 힘이 센 것은 없다.

방송통신대를 졸업한 후에도 경찰 일선에서 일하다 보니 공부의 필요성이 느껴졌다. 이번에는 경찰 업무에 대해 전문적인 지식을 쌓고 싶어 마흔 중반에 동국대 행정대학원 경찰행정학과에 들어갔다. 실무 경험이 많아 수업 내용이 쏙쏙 머릿속에 들어왔고 실무와 이론을 접목한 논문 〈가정폭력이 자녀에게 미치는 영향〉으로 석사 학위를 받았다. 현장에서 가정폭력에 시달렸던 아이가 어른이 되어 강력 범죄를 일으키는 것을 보면서 가정폭력과 강력 범죄의 연관성을 연구한 것이다.

석사 학위를 받고 나니 또 공부에 대한 욕심이 생겨 박사 과정에 지원했다. 53세에 〈경찰의 다이버전 정책에 대한 연구〉 논문으로 박사 학위를 받았다. 박사 학위 논문은 소년범에 대한 것인데 이 역시 실무 경험을 바탕으로 한 것이었다. 박사 학위를 받고 졸업식을 하는데 그렇게 기쁠 수가 없었다. 지금도 시어머니와 친정어머니에게 박사모를 씌어드리고 사진을 찍었던 기억이 좋은 추억으로 남아 있다.

공부하는 엄마

아내이며 엄마이고 며느리이자 거기다 일하는 여자가 공부하는

얼마 만에 공부를 마치느냐가 아니라
자신이 처한 환경에서 얼마나 꾸준히
공부하느냐가 중요하다.

동국대 박사 수료식 때 사랑하는 가족과 함께

시간을 낸다는 것이 쉬운 일은 아니다. 나 역시도 그랬다.

결혼 후 대기업에 들어간 남편이 계열사 백화점에서 근무하게 되면서 우리 부부는 쉬는 날이 달라졌다. 백화점이 월요일마다 쉬기 때문에 남편은 월요일에, 경찰인 나는 일요일에 쉬었다. 그래서 '일요 과부, 월요 홀아비'라는 우리 집만의 안쓰러운 별칭이 생겨났다. 처음에는 부부가 쉬는 날이 달라 스트레스가 심했는데 둘 중 하나가 직장을 그만두지 않는 한 '일요 과부, 월요 홀아비'는 피할 수 없는 상황이었기에 우리는 불평하지 않고 받아들이기로 했다.

평일에 아이들을 돌보셨던 시어머님이 일요일은 쉬고 싶어 하셨기 때문에 토요일 오후부터 일요일 밤까지 육아는 오로지 나의 몫이었다. 하지만 이때는 직장에서 자유로운 시간으로 유일하게 오랫동안 공부에 집중할 수 있는 시간이기도 했다. 나는 초등학생인 큰딸부터 이제 막 걷기 시작한 막내까지 아이들이 가장 좋아하는 자장면을 사준다고 꼬셔 과학수사과로 출근했다. 아무도 없는 사무실에서 아이들은 과자를 먹고, 그림을 그리고, 탁구를 치며 놀았다. 어떨 때는 경찰청 복도에 전시된 손가락 모형을 보며 이야기를 나누기도 했다. 나는 아이들이 노는 사이 공부도 하고 사건 의뢰가 들어온 것이 있으면 처리도 했다. 공부도 하고, 일도 하고, 애도 보고 1석 3조였다.

처음에는 자기네들끼리 신나게 놀던 아이들도 시간이 지나고 기운이 빠지면 내 옆으로 하나 둘 모였다. 엄마가 뭐 하는지, 뭘 공부하는지 꼬치꼬치 캐묻고는 "엄마는 나쁜 놈들 잡기 위해 열심히 공부한다"라고 말하면 아이들도 각자 가져온 숙제며 책이며 펴놓고 공부를 했던 것 같다. 그렇게 아이들은 엄마를 따라 어렸을 때부터 공부하는 습관을 자연스럽게 익혔다.

언젠가 열심히 시험 공부를 하는 큰딸에게 공부가 재미있느냐고 물은 적이 있다. 그런데 딸의 말이 놀라웠다.

"그냥, 열심히 하는 거지 뭐."

나중에 커서 이런저런 얘기를 나누며 들어보니 중고등학교 때 공부하는 엄마를 보며, 시험 공부는 당연히 그렇게 열심히 하는 건 줄 알았다고 한다.

엄마들은 충분히 바쁘다. 하지만 나는 공부하는 엄마만큼 자신에게 그리고 자녀들에게 큰 유익은 없다고 생각한다. 자식들 교육하느라 정작 자신은 공부할 시간이 없다는 엄마들에게 나는 엄마가 공부하는 것만큼 큰 교육은 없다고 말하고 싶다.

"땡큐, 씨유투마로"

내가 지금도 후배들에게 당부하는 첫 번째 말은 "공부하라"는 것이다. 더 높은 계급을 달기 위한 공부 말고 실무에 도움되는 공부를 하는 것이 중요하다. 어쩌면 십 대나 이십 대보다 삼십 대 이후의 공부가 더 중요하다. 삼십 대 이후에는 자신이 몸담고 있는

공부하는 엄마의 시간은
거꾸로 간다

분야에서 자신을 전문가로 만들어줄 수 있는 구체적이고 실용적인 공부를 직접 찾아서 해야 한다. 내가 그랬던 것처럼 꿈과 현실 사이에서 방황하고 있는 사람이라면 하루 빨리 입장을 정리하는 것이 좋다. 그래야 어떤 분야를 공부할지 정할 수 있기 때문이다.

나는 일을 할 때도 공부를 하는 것처럼 했다. 모르면 이 사람 저 사람을 찾아다니며 물어보고 그래도 의문이 풀리지 않으면 책을 뒤지고 자료를 찾았다. 그런데 영어 공부에서만큼은 진척이 없었다. 박사까지 공부하며 영어 시험도 여러 차례 보면서 읽고 쓰는 데는 큰 문제가 없었으나 늦게 공부를 시작해서인지 말하기와 듣기는 마음대로 되지 않았다.

그런데 여청과장을 할 때 미 사령관 앞에서 브리핑을 해야 하는 일이 떨어졌다. 당시 117 성매매 지원센터를 만들면서 한국의 인권지수가 1등급으로 높아진 것이 계기가 되어 미 사령관이 경찰청을 방문하게 되었는데 경찰의 성매매 치안정책에 대한 브리핑을 담당자인 여청과장이 하라는 것이었다.

일단 하겠다고 일을 받긴 했는데 영어에 자신이 없었다. 부하 직원들이 통역을 쓰라고 조언했지만 영어를 배운 사람이 통역을 쓴다는 것이 내키지 않았다. 나는 직원들과 함께 영어 PPT를 만든 다음 영어 발음을 한글로 써서 줄줄 외웠다. 나의 주특기인 녹음기 공부법을 활용하여 녹음을 한 다음 시도 때도 없이 듣고 따라했다. 한 30번쯤 들으니 브리핑 자료 전체가 외워졌다.

드디어 미 사령관과 관계자들 앞에서 나의 생애 첫 영어 브리핑이 시작되었다. 그동안 열심히 외운 보람이 있어 내 입에서 영어가 부드럽게 흘러나왔다. 미 사령관은 물론 우리 쪽 관계자들도 무척 흡족해 했다. 그런데 브리핑이 끝난 후 문제가 생겼다.

브리핑이 끝나고 내 자리로 돌아가기 위해 탄 엘리베이터에 미 사령관 밑에서 일하는 사람들이 있었다. 그 사람들이 영어로 내게 말을 걸어왔다. '원더풀'이 들리는 것으로 봐서 아마도 '잘했다', '좋았다'라는 의미인 건 알겠는데 그 외에는 무슨 말인지 알아듣지를 못했다. 순간 당황했지만 그들의 말끝에 "예스", "땡큐" 하며 적당히 추임새를 넣어가며 웃어주었다. 얼굴은 웃고 있었지만 마음은 죽을 맛이었다. 다행히 엘리베이터가 중간에 멈췄다. 엘리베이터 문이 열리자마자 나는 "땡큐, 씨유투마로" 하며 내려버렸다. 지금 생각해도 재미있는 경험이다.

고졸에 순경으로 경찰에 입문했던 내가 첫 여성 치안정감까지 오른 원동력에는 당연히 '공부'도 포함된다. 혹자는 내가 승진을 위해 석사, 박사까지 공부했다고 이야기하곤 하는데 이는 사실이 아니다. 승진이 목적이었다면 그렇게 힘들게 공부하지 않았을 것이다. 실제로 승진 심사에서 석사는 1점, 박사는 3점의 가산점을 주긴 하지만 전체적인 승진 점수에서 차지하는 비중은 미미하다. 반면에 공부를 함으로써 실무에서 많은 성과를 낼 수 있었고, 그것이 승진에 도움이 되었다면 이는 맞는 이야기일 수 있다.

중고등학교 시절에는 대학에만 들어가면 공부가 끝날 것 같고, 대학에 들어가서는 직장만 들어가면 이제 정말 공부가 끝날 것 같지만 사회라는 현실 속에 들어온 사람들은 다 알 것이다. 인생에서 공부는 끝이 없다는 사실을. 다만 바쁜 현실을 탓하며 이 사실을 받아들이지 않는 사람과 이를 받아들여 시간이 지날수록 발전하는 사람이 있을 뿐이다.

내가 지금도 후배들에게 당부하는 첫 번째 말은 "공부하라"는 것이다. 더 높은 계급을 달기 위한 공부 말고 실무에 도움되는 공부를 하는 것이 중요하다. 어쩌면 십 대나 이십 대보다 삼십 대 이후의 공부가 더 중요하다. 삼십 대 이후에는 자신이 몸담고 있는 분야에서 자신을 전문가로 만들어줄 수 있는 구체적이고 실용적인 공부를 직접 찾아서 해야 한다.

삼십 대를 어떻게 보내느냐에 따라 조직에서 어떤 위치의 사람이 될 것인지가 결정된다고 본다. '지금 이 나이에 공부를 또 하라고?' 반문하는 사람들이 나중에는 '진작 공부 좀 해둘 걸' 하고 후회하는 날이 반드시 온다.

듣는 게
공부다

최근 일본에서부터 시작된 '7번 읽기 공부법'이 화제라고 들었다. 도쿄대를 수석으로 졸업하고, 재학 중 사법시험에 합격한 일본최고 '공부의 신'이 알려주는 공부법인데, 말 그대로 책을 7번 읽는것이다. 7번만 읽으면 힘들게 외우려고 애쓰지 않아도 자연스럽게내용이 머릿속에 스며들게 된다는 것이다.

나는 이 공부법이 시간과 공간에 쫓기는 직장인들에게 잘 맞지않을 것이라고 생각한다. 일하기 바쁜데 언제 차분하게 앉아 책을읽는단 말인가. 그것도 1번이 아니라 7번씩이나 말이다. 일하면서공부도 하려면 자신의 상황과 처지에 맞는 효과적인 공부법이 필요하다. 학생 때처럼 밥 먹고 공부만 하면 되는 것이 아니기 때문에 시간을 잘 활용하면서도 이해력과 암기력을 높일 수 있는 공부법을 찾아야 한다.

녹음기 공부법

나의 경우에는 공부할 때 '녹음기'를 적극 활용했다. 즉 7번 읽기가 아니라 1번 읽고, 6번 듣기 공부법을 사용한 것이다. 집에서도 몸을 바쁘게 움직여야 하는 엄마들은 가만히 앉아 책 읽을 시간이 없다. 더군다나 나처럼 일을 하면서 공부한다는 것은 시간과의 싸움이다. 경찰 일의 특성상 예기치 않은 일들이 수시로 펑펑 터졌고, 야근에 당직 근무까지 하는 날이면 차분히 앉아 책을 펼 틈이 없었다.

그때 터득한 공부법이 바로 '녹음기 공부법'이다. 방송통신대에 다닐 당시 이철우 교수님께서 법철학 강의를 하시며 "듣고, 듣고 또 들으십시오"라는 말을 반복적으로 말씀하셨다.

'그래, 책 읽기가 힘들다면 무조건 들어보자.'

나는 먼저 교재를 한번 쭉 읽어본 다음에 강의 녹음 테이프를 반복해서 들었다. 출근하는 지하철 안에서, 이동하는 차 안에서, 불을 끄고 잠자리에 들면서, 빨래하고 청소하고 설거지하면서 듣고, 듣고 또 들었다. 책을 볼 수 없는 장소에서 더군다나 집안일을 하면서 녹음테이프를 들으니 1석 2조의 효과가 있었다. 아침에 일어나면 무조건 녹음기를 켜놓고 출근 준비를 하며 테이프를 들었다. 출근하면서는 무조건 이어폰을 끼기 시작했고, 자가용으로 이동할 때는 음악 대신 강의 테이프를 틀었다. 특히 녹음기 공부법은 집안일을 할 때 효과적이었다. 설거지, 청소, 빨래, 다림질 등 단순하고 반복적인 일을 하면서 들으면 집중도 잘되었다.

언젠가 텔레비전에서 남자와 여자의 업무 처리 능력을 테스트한 실험을 본 적이 있다. 일반 가정집처럼 세트장을 마련하고 남녀 각각을 일정 시간 머물게 하면서 한 번에 몇 가지 일을 처리할 수 있는지 테스트한 실험이었다. 먼저 남자가 집안에 들어갔다. 전화벨이 울리고, 택배가 오고, 가스레인지 위에서는 물이 끓고, 다림질도 해야 하는 상황이 발생했다. 남자는 이 모든 것을 동시에 처리해야 한다는 사실에 당황스러워했고, 실제로도 갈팡질팡하며 일을 제대로 처리하지 못했다. 반면에 여자는 전화벨이 울리자 통화를 하면서 가스레인지 불을 끄고, 택배를 받고, 다림질을 하는 등 한 번에 서너 가지 일을 동시에 해냈다.

나는 평소에 녹음기 공부법으로 공부를 하면서 귀로는 녹음테이프를 듣고 몸으로는 다른 일을 하는 게 여자들이 지닌 특별한 능력임을 몸소 체험했기에 그 실험이 충분히 이해가 되었다.

처음 녹음기를 통해 강의를 들었을 때는 책으로 공부하는 것보다는 이해가 덜 되었다. 하지만 여러 번 반복해서 들으면 들을수록 머릿속에 내용이 차분히 정리되는 경험을 하게 되었다. 어려운 내용은 녹음테이프가 늘어질 때까지 듣기도 했고 시험 한두 달 전부터는 머릿속에서 저절로 녹음기가 돌아가서 꿈인지 생시인지 구분이 안 갈 정도로 강의를 듣기도 했다. 그러다보니 3~4년에 한 번씩 녹음기가 고장 나서 새로 바꿔야 했다. 그렇게 망가진 녹음기만 워크맨 3대, 라디오 2대로 총 5대이다.

내 목소리로 공부하다

그런데 가끔은 녹음기 너머로 들려오는 교수님들의 강의 목소리가 지루하게 느껴지는 때가 있었다. 행정법, 행정학, 형법 등 1,000페이지가 넘는 책들을 녹음기 공부법으로 공부했는데, 처음에는 괜찮다가 몇 페이지 이상 넘어가면 딴생각이 나기도 하고 졸리기도 해서 진도가 나가지 않았다. 그래서 책 내용을 내가 직접 녹음하기도 했다. 내가 소리를 내어 직접 녹음하니 그러면서 공부가 되었고, 그것을 반복하여 들으니 또 공부가 되었다. 교수님의 목소리를 들을 때보다 내 목소리로 들을 때가 더 이해가 잘되어 아무리 어려운 내용이라도 3번 정도 들으면 저절로 알게 되었다.

나중에는 책 내용을 요약해서 정리한 다음 내가 강의를 하는 것처럼 녹음하기도 했다. 내가 녹음할 생각을 하니 책 내용을 정리할 때도 집중이 잘되었고, 가르치는 입장이 되어 녹음을 하니 재미도 있었다. 내 나름대로 목소리 톤도 바꾸고, 외우기 쉽게 억양도 넣고 하며 즐겁게 녹음을 했다. 그러다가 한번은 웃지 못할 일이 벌어졌다.

그날도 여느 때처럼 식탁 위에 녹음기를 틀어놓고 아침 식사를 준비하고 있었다. 그런데 녹음기에서 이런 말이 흘러나왔다.

"강간죄가 성립하려면 삽입을 해야 하고…."

때마침 아침 식사를 하기 위해 식탁 앞에 모인 아이들과 남편이 황당해 하며 나를 바라보았다. 얼마나 무안했던지 얼른 녹음기를 껐다. 내가 녹음을 하긴 했지만 그런 내용이 가족 모두가 모인 자리에서 나오리라고는 상상도 못했던 것이다. 남편은 그 무슨 공부법이 그러느냐며 한마디 했다.

"아주 방마다 확성기를 붙여줘야겠어."

아이들에게는 엄마가 나쁜 놈들을 잡기 위해 이렇게 열심히 공부하는 것이라고 설명했지만 그다음부터는 좀 더 신중하게 녹음기를 틀었다.

녹음기 공부법으로 효과를 본 나는 일하는 데도 이를 적극 활용했다. 새롭게 보직을 받아서 가면 그 조직 구성원들의 직책과 이름을 녹음하여 다니면서 외웠다. 경찰 지휘관들은 1~2년에 한 번씩 보직을 바꿔서 다니기 때문에 늘 새로운 사람을 만나 일을 하게 된다. 적게는 수십 명에서 많게는 수백 명의 직원들과 일을 하게 되는데 그들의 이름과 보직을 외우는 데만도 시간이 많이 걸렸다. 어떤 때는 직원들을 다 알만 하면 인사이동을 하게 되는 경우도 있었다. 그래서 나는 새로 부임하면 직원 명단을 받아서 바로 녹음을 하고 출퇴근 하며 듣고 다녔다. 직원들의 이름과 보직을 빨리 외우니 직원들과의 친밀도도 높아졌고, 일을 하는 데도 도움이 되었다.

또한 관내 상황이나 자주 바뀌는 교통사고특례법도 녹음해서 들었다. 취임사나 이임사가 있으면 내 목소리로 먼저 녹음한 다음 다시 들으며 내 의지가 잘 반영됐는지, 떠나는 마음이 잘 전달됐는지 점검하면서 외웠다. 그리고 연설할 때는 청중을 바라보며 이야기했다.

대학에서 강의를 하는 지금은 강의할 내용을 미리 녹음하고 다시 들으면서 강의 내용이나 강의 방식을 점검하고 있다. 요즘에는 스마트폰에 녹음 기능이 있으니 정말 공부하기 좋은 세상이다.

수재 딸들의
공부 비법

그동안 수많은 인터뷰를 하면서 가장 많이 들었던 말은 어떻게 딸들을 그렇게 똑똑하게 키웠는지였다. 경찰 일로 늘 바쁘게 지냈던 터라 자녀들 공부에는 다른 엄마들처럼 관심을 쏟지 못했고, 맞벌이 부부였지만 책임져야 하는 시댁 식구들이 많았기에 과외를 시켜준 적도 없는데, 우리 집 세 딸은 모두 중학교 때부터 1등을 놓치지 않는 우등생이었다.

워낙 딸들이 알아서 잘하기도 했지만 사실 나는 엄마로서 잘 챙겨주지 못하는 것이 늘 미안해 딸들에게 "공부하라"는 잔소리를 해본 적이 없다. 그럼에도 학창시절에는 열심히 공부하고, 성인이 되어서는 각자의 분야에서 열심히 연구하며 일하고 있는 딸들이 대견하다.

나의 보물 세 딸

과학고등학교를 졸업하고 카이스트에 들어간 첫째 딸 소라는 엄마아빠가 바빠서 신경을 못 써주는데도 언제나 적극적으로 좌충우돌하며 본인의 길을 개척해나갔다. 전형적인 착한 모범생이었기 때문에 설령 시행착오가 있다고 할지라도 언제나 믿고 지원하는 데 아낌이 없었다. 소위 '중2병'이라는 사춘기를 가장 혹독하게 보냈지만, 다행히 자리를 잘 잡고 나니 동생들까지도 무난히 따라왔다.

과학고등학교 입학 초에는 과외 등을 통해 오랜 시간 선행학습을 해온 다른 아이들에 비해 공부량이 적어 마음고생이 심했지만, 친구들이 다니는 학원에 함께 보내주니 금방 따라잡았다. 카이스트를 다니면서도 로봇축구, 해동검도 등 다양한 동아리 활동에 정신없이 지내고, 빠듯한 살림에 눈치도 없이 어학연수를 졸라 미국에 두 달 다녀오기도 했다. 그러더니 어느 날 갑자기 행정고시를 준비하겠다고 했다.

"한 자리에서 차분히 연구할 성격은 아니고 다양한 경험을 하며 살고 싶은데, 기왕 일하는 거 회사 사장님보다는 우리 국민들을 위

공부하라는 말은 힘이 없다.
공부하는 방법을 알려주고 본을 보여주는 것이
진정한 자녀 학습법이지 않을까 생각한다.

사랑하는 세 딸의 어린 시절

해 일하고 싶어요. 일단 한 번 시험 준비해볼게요."

나와 남편은 소라의 의견을 존중해주었다. 그리고 어떻게 공부할지 물었다.

"고시원에 들어가야 하니?"

"그냥 학교와 집 앞 독서실에서 공부할게요."

소라는 3학년 때 학교를 다니며 1차 시험에 합격하고, 이듬해 휴학을 하고 차분히 준비하더니 2차에 합격했다. 합격 후 이야기를 들어보니 그해 최연소 행시 패스라고 했다. 이를 목표로 한 것은 아니었지만 그래도 기분은 좋았다.

둘째 진아도 과학고등학교를 거쳐 카이스트에 들어갔다. 초등학교 때부터 집에서 미꾸라지 해부를 하는 등 실험에 관심이 많았던 진아는, 고등학교 때에는 급기야 대학 연구실에 찾아가 연구를 하기 시작했다. 본인이 직접 강원도 소재 동충하초 은행에 방문하여 재료를 얻고, 약대 연구실의 도움을 받아 진액을 추출하여 암세포에 처리하는 연구를 한 것이다. 세 딸 모두 공부를 워낙 잘했지만 진아는 그중에서 공부를 제일 잘했다. 카이스트에서 계속 공부해서 박사 학위를 받았는데 그것도 최연소 카이스트 박사였다. 진아가 생일이 빨라 7살 때 초등학교에 들어갔고, 과학고등학교 2학년 1학기 때 카이스트에 들어가서 다른 아이들보다 어린 나이에 박사가 될 수 있었다.

사실 나는 진아가 의사가 되길 바랐는데 자신은 공부하고 실험하는 게 취미라며, "취미가 직업이 되면 제일 좋다"라는 아빠의 조언을 따라 평생 생물학을 연구하기로 결정했다. 카이스트 박사 과정을 마친 후 하버드 의대 박사후과정을 거쳐 지금은 연구진을 따라 코넬 의대에서 암 연구에 매진하고 있다.

막내 정아도 수학과 과학을 잘해 과학고등학교에 보낼 것을 고민했는데, 첫째와 둘째가 과학고등학교에 가면서 기숙사 생활을 하자 시어머니께서 집이 너무 적적하다며 정아는 기숙학교인 과학고등학교에 보내는 것을 반대하셨다. 그래서 정아는 집과 가까운 곳에 있는 외국어고등학교에 보냈다. 그런데 모의고사 결과를 받은 정아가 시무룩해져서 말했다.

"엄마, 국어나 사회는 맞았다고 생각했는데 틀리고, 수학과 과학은 틀렸다고 생각했는데도 맞아요."

공부를 하면 할수록 아이의 성향은 문과가 아니라 이과인 것이 드러났다. 진로를 놓고 한참을 고민하던 정아는 대학 입시를 앞두고 어쩌면 진학에 더 불리할 수도 있는 이과를 선택했다. 처음에는 막내가 돌아가는 길을 택한 것은 아닌가 걱정도 되었지만 원하는 것을 하는 게 맞다고 생각했기에 아이의 선택을 응원해주었다. 이후 연세대 생물학과에 진학했고, 치과의사의 꿈이 생겨 지금은 경희대 치의학전문대학원에서 레지던트를 하고 있다.

아까운 2등은 없다

늦은 나이에 공부를 시작한 나를 보며 늘 공부를 놀이처럼 즐기며 해오던 애들이라 시험이나 성적 문제로 혼내본 적이 거의 없다. 그런데 내가 딱 한 번 둘째 딸 진아에게 쓴소리를 한 적이 있다.

중학교 때 시험을 앞둔 진아가 여느 때와는 다른 모습을 보였다. 늘 최선을 다하는 아이였는데 그때는 좀 설렁설렁한 모습이었다. 아니나 다를까 시험 결과가 나오자 저번보다 성적이 떨어졌고, 아이는 속상했는지 제 방에서 울기 시작했다. 그 모습을 보고 나는 진아에게 좀 냉정해져야겠다는 생각을 했다.

"진아야, 시험을 잘 못봐서 속상하니? 그런데 엄마가 봤을 때 네가 이번에는 시험 준비를 열심히 하지 않은 것 같아. 최선을 다했는데 결과가 안 좋으면 속상할 수 있지만, 그렇지 않았는데도 속상해하는 건 뭔가 안 맞는 거 같다."

경찰 간부 시험은 위로 갈수록 어려워지는데 한 문제를 놓고 당락이 좌우되는 경우도 있다. 그런데 사람들은 한 문제로 떨어지면 자신이 아깝게 떨어졌다고 생각한다. 하지만 시험 공부에 올인해본 사람들은 안다. 이 한 문제를 더 맞힌 사람과 그렇지 않은 사람의 노력에는 상당한 차이가 있다는 사실을 말이다.

진아는 엄마가 위로 대신 혼내듯이 훈계를 하는 모습이 서운했던 것 같다. 하지만 이내 엄마의 속뜻을 알아채고는 다음 시험부터는 노력한 결과에 만족하는 모습을 보였다.

1등을 하느냐 2등을 하느냐보다 중요한 것은 자신의 결과에 대해 책임을 지는 것이라고 생각한다. 아깝게 2등을 하는 건 없다. 2등을 하는 건 1등보다 덜 노력했거나 쌓아놓은 실력이 부족하기 때문이지 아깝게 한 문제를 틀려서, 아깝게 실수를 해서가 아니다. 나는 그렇게 아이들이 스스로의 결과에 대해 핑계 대지 않는 사람으로 성장하기를 바랐고, 더 좋은 결과를 얻고 싶다면 더 노력해야 한다는 사실을 깨닫기를 바랐다.

딸들도 녹음기를 듣다

어디를 가든 나는 공부 비결로 녹음기 공부법을 든다. 그리고 이는 딸들에게도 자연스럽게 전수되었다.

소라는 중학교 3학년 때 과학고를 준비하면서 갑자기 공부할 분량이 많아지자 그때부터 오고 가는 길에 수업 내용을 녹음해서 들었다. 또한 대학교 3학년 행정고시 공부를 할 때도 녹음기 공부법을 적극 활용했다. 과학고를 다녔던 소라는 학교에서 국사 과목을 배우지 않은 채 졸업했는데, 당시 1차 시험과목에는 국사가 있었다. 게다가 관련해서 봐야 하는 교과서만 1,000페이지가 넘는 양이었다. 1차를 준비할 때는 학교에 다니던 중이라 시험 준비에만 전념할 수 없었던 아이는 오며 가며 녹음한 내용을 반복해서 들었고, 결과는 다행히 패스로 이어졌다.

막내도 고등학교 3학년 때는 물론 치대에 가서도 녹음기 공부법을 애용했다. 몰랐는데 의학이 읽어야 하는 책과 해야 하는 공부가 정말 어마어마했다. 이 많은 양과 전문용어를 어떻게 다 공부하나 막막했던 정아도 엄마와 언니를 따라 녹음기 공부법을 사용했다. 자투리 시간이 날 때마다 스마트폰으로 녹음된 내용을 반복해서 들은 정아는 치대에 들어가서 줄곧 수석 자리를 놓치지 않았는데, 나는 그 배경에 녹음기 공부법이 있다고 믿는다.

녹음기 공부법과 함께 내가 강조하는 공부법이 하나 더 있는데 바로 '목차 학습법'이다. 나는 책상에 앉아 본격적으로 공부를 시작하기 전에 목차를 먼저 훑어 전제 틀을 잡는 것을 중요하게 생각했다. 방송통신대에 다니면서부터 석사, 박사 과정까지 줄곧 사용했던 이 방법을 딸들도 중학교 때부터 시작하여 지금까지 사용하고 있다고 한다. 어떤 책의 본문을 읽기 전에 목차를 살피고 소제목까지 읽고 한 단계 나아가 형광펜으로 표시해두면 눈에 잘 들어올 뿐만 아니라 내용이 체계적으로 정리되는데 이렇게 한 번 해두는 것이 학습의 효율을 2배는 올려주는 것 같다.

공부하라는 말은 힘이 없다. 공부하는 방법을 알려주고 본을 보여주는 것이 진정한 자녀 학습법이지 않을까 생각한다.

공부가
제일 쉬웠어요

소라가 행정고시에 합격하여 가족들이 함께 축하하는 자리를 마련했을 때, 막내 딸 정아가 자신이 만든 작은 플래카드를 펼쳐 들었다. 그 플래카드에는 이런 문구가 쓰여 있었다.

"공부가 제일 쉬웠어요"

이를 보는 순간, 일하며 공부했던 세월이 머릿속을 스치고 지나 갔다. 맞다. 나 역시 공부가 제일 쉬웠던 것이다.

공부처럼 쉬운 게 없다

어떻게 보면 공부는 참 단순 작업이다. 전문가들이 체계적으로 정리해놓은 지식을 그대로 이해하고 받아들이면 되니 말이다. 내가 새롭게 보태어 넣을 것도 없고 다른 방식으로 바꿀 수 있는 것도 없다. 차이가 있다면 누가 빨리 이해하느냐, 누가 빨리 외우느냐가 아닐까 싶다. 많은 사람들이 어렵다고 하는 법학이나 행정학, 과학, 수학 등도 마찬가지다. 처음 접할 때는 어려울 수 있지만 쉬운 단계부터 시작해서 반복적으로 공부하면 누구나 이해할 수 있게 된다.

학창시절 미대 진학을 꿈꾸며 그림을 그렸던 나는 공부를 시작하면서 그림보다는 공부가 훨씬 쉽다는 사실을 알게 되었다. 한 폭의 그림을 그리기 위해서는 정말 많은 고뇌의 시간이 따른다. 정해진 화폭에 자신의 창의성을 발휘해서 자신만의 그림을 그려야 하는데 창의성이라는 것이 내 의지대로 나오는 게 아니기 때문에 자기와의 싸움을 통해 어렵게 그림이 완성되는 것이다. 그에 반해 공부는 있는 지식을 받아들이는 것이어서 그림 그리기에 비하면 쉽게 느껴졌다. 시험을 볼 때도 어디서부터 어디까지 정해진 범위 안에 있는 내용을 잘 이해하면 되니 어떻게 들릴지 모르겠지만 시간적, 물리적인 것을 제외하면 어려운 일이 없었다.

게다가 사회에 나가게 되면 학교 다니면서 공부만 했던 것이 직장 생활에 비해 얼마나 쉬웠는지 새삼 느끼게 된다. 나도 경찰 일보다는 공부하는 것이 훨씬 쉬웠다. 성폭력, 가정폭력, 성매매 등을 저지른 범인을 찾기 위해 밤을 지새우는 것보다 당연히 공부가 쉽지 않았겠는가.

이런 생각을 내 딸들도 하고 있다는 것이 신기했다. 이제 각자 사회에 나가 자신의 분야에서 최선을 다하고 있는 세 딸도 공부가 가장 쉽다고 말한다. 일이나 가정이나 통제할 수 없는 변수가 많아 인풋과 아웃풋이 분명하지 않은데 공부는 일단 하면 결과가 나오니 그만큼 쉽고 재미있다는 것이다.

딸들에게 보내는 응원

한 번은 둘째 진아가 카이스트에 다닐 때 초파리의 항문이 돌아가지 않는 것에 대한 연구를 한 적이 있다. 초파리 중에 항문이 안 돌아간 것들이 있었는데 그 원인을 찾아 몇 날 며칠 연구를 하더니 암 때문이라는 것을 알아내고 나에게 신나게 떠들었다. 나는 진아의 이야기를 다 이해하지는 못했지만 진아의 말투와 표정에서 스스로 뿌듯해 한다는 것을 느낄 수 있었다. 생명공학을 연구하는 딸을 보며 우리 사회의 부족한 인식과 무관심 속에서 사기가 떨어지는 것 같아 늘 마음이 안타까웠다.

"이야. 우리 딸 때문에 암이 정복되겠는걸."

나는 진심으로 딸아이의 수고를 칭찬하며 응원해주었다. 그러곤 진아가 보여준 자료들을 복사해서 경찰청에 가지고 가 직원들을 불러 모아 보여주며 이야기했다.

"우리 둘째 딸이 초파리 항문이 돌아가지 않는 이유를 밝혀냈어. 이제 우리 딸이 암 연구를 시작했기 때문에 암이 정복되는 날도 머지않았어. 암 때문에 걱정하지 마."

지금 생각해보면 팔불출 엄마였다. 그런데 집에 가서 직원들에게 그 이야기를 했다고 하니 진아가 생각 이상으로 무척 좋아했다. 진아는 공부 잘하는 자신을 대견해 하는 엄마보다 자신이 하는 공부의 가치를 알아주는 엄마에게 더 힘을 받는다는 사실을 새삼 깨달은 순간이었다.

현재 가장 응원이 많이 필요한 딸은 막내다. 요즘 막내를 보면 내가 한창 바쁠 때보다 더 바쁜 시기를 보내고 있는 것 같아 엄마로서 안쓰럽기도 하다. 치의학전문대학원에 진학하면서 정아는 부쩍 엄마에게 여러 애로사항들을 털어놓는데, 나는 그냥 듣고 있기만 한다. 그러면 정아는 말하는 사이 혼자서 결론을 짓고는 다시 의지를 다지는데 그 모습이 참 기특하다.

삼대가 공부하는 집

나는 딸들이 평생 공부를 하며 살아가길 바란다. 학교 다닐 때 성적이 우수했기 때문이거나 좋은 학벌이 아까워서가 아니다. 딸들의 말처럼 공부가 주는 정직한 힘을 믿기 때문이다.

아내로 엄마로 살다보면 나 자신을 위해 무언가 공부하는 시간을 내고 정신을 집중한다는 것이 쉬운 일이 아니다. 하지만 내가 지나온 시간을 돌아보면 아이들이 공부에 흥미를 알게 되고, 최선을 다해 공부했던 성실함에는 오십이 되어서까지 주경야독으로 공부했던 내 모습이 영향을 미쳤기 때문이라고 생각한다.

대개 엄마들이 중고등학교 때까지는 그토록 공부하라고 잔소리를 하면서도 대학교 이후부터는 공부에 대한 이야기를 하지 않는다. 하지만 나는 그 반대인 것 같다. 오히려 딸들이 사회생활을 시작하면서 공부의 중요성을 더 많이 언급하게 된다. 둘째 진아는 현재 미국에서 암 연구를 하고 있고, 막내 정아는 레지던트 과정에 있다 보니 내 이런 잔소리는 자연스럽게 큰딸 소라에게 이어지는 경향이 있다.

현재 공직생활을 하고 있는 소라는 결혼을 해서 두 아들의 엄마이다. 나와 달리 좋은 대학교를 나왔고 어린 나이에 고시에 합격한 딸이지만 나는 늘 현실에 안주하지 말고 발전하기 위해 노력하라고 말한다. 그런 영향을 받아서인지 소라도 사회생활을 시작하고 방송통신대 법학과에 들어갔다. 공무원으로 일하기 위해서는 법학 지식이 필요한데 공대를 나온 자신이 상대적으로 관련 지식이 부족하다고 느꼈기 때문이다. 엄마가 걸어온 길을 자연스럽게 따라가는 딸을 보면 흐뭇하면서도 묘한 기분이 든다.

소라도 나처럼 집에 있을 때면 두 아들과 함께 공부를 한다고 한다. 소라가 침대에 앉아 책을 읽거나 노트북을 두들기면 손주들도 엄마 옆에 앉아 책을 읽고 재미있는 내용이나 궁금한 점을 계속 떠들어댄다. 그렇게 손주들도 자연스럽게 공부하는 습관을 들이는 것 같다. 내가 아이들이 어렸을 때 숙제를 잘하거나 착한 일을 하면 스티커를 주고 스티커 개수에 따라 용돈을 주곤 했는데 소라도 그렇게 하고 있었다. 내가 아이를 키웠던 방법이 딸을 거쳐 손주들에게까지 이어지는 것을 보니 신기하면서도 뿌듯했다.

나는 딸들이 자식들에게 공부하라고 다그치는 엄마가 되기를 원하지 않는다. 다만 나는 딸들 스스로가 평생 공부하는 여성으로 살아가길 바란다. 그렇게 된다면 손자 손녀들도 공부에 대한 거부감 없이 성장할 수 있으리라 믿는다.

일하면서
공부하기

1. 전문가가 되기 위해 공부하라

더 이상 스펙을 쌓기 위한 공부는 그만! 승진을 위한 공부보다 자기 분야의 전문가가 되기 위한 공부를 시작하라. 공부가 나를 전문가로 만들어줄 것이다.

2. 녹음기 공부법을 익혀라

집안일을 할 때나 출퇴근 시간 등 책을 볼 수 없는 상황에서는 귀로 들으며 공부하라. 녹음된 자료와 이어폰만 있으면 때와 장소를 가리지 않고 공부할 수 있다.

3. 반복하고 또 반복하라

나이가 들어 뇌가 굳었음을 인정하고 반복해서 공부하라. 끈기를 가지고 반복하다보면 가랑비에 옷 젖듯 어느새 실력이 쌓이게 된다.

4. 쉽게 포기하지 마라

일하면서 공부하는 것은 원래 힘든 일이다. 하지만 힘든 만큼 노력에 대한 보상은 충분히 받을 수 있다. 시간이 오래 걸려도 상관없다. 절대 포기하지 마라.

5. 공부하는 엄마가 되어라

공부하는 엄마의 모습은 '공부하라'는 잔소리보다 훨씬 큰 효과를 발휘한다. 아이가 공부할 때 아이 옆에서 함께 공부하라.

6. 아이의 롤모델이 되어라

아이들은 부모를 보며 자란다. 열심히 일하고, 공부하는 엄마의 모습을 보며 아이들 역시 나도 열심히 살아야겠다는 생각을 하게 된다.

7. 자투리 시간을 활용하라

자는 시간을 줄이고, 밥 먹는 시간, 출퇴근 시간, 쉬는 시간 등 자투리 시간을 최대한 확보하라. 하루 3~4시간 공부하는 시간을 만들 수 있을 것이다.

3장

모든 일은
엄마 역할의
확장이다

엄마처럼
일하면 된다

"사회의 모든 역할은 엄마 역할의 확장이다.'

미국 역사상 여성으로는 처음으로 연방 하원의장을 지낸 낸시 펠로시(Nancy Pelosi)의 말이다. 나는 그녀의 이 말에 100퍼센트 동의한다. 펠로시는 전업주부로 5남매를 키우다가 마흔을 훌쩍 넘겨 정계에 입문했다. 그녀는 한 번도 민주당 대표가 되겠다거나 하원의장이 되겠다거나 하는 꿈이나 목표를 가진 적이 없다. 다만 그녀는 자신의 가정을 잘 꾸리면서도 지역사회에서 열심히 기여한 노력과 열정을 높이 산 사람들로부터 추천과 제안을 받으면서 정치인생을 걸어왔다.

엄마의 강점

그녀는 자서전《자신의 숨겨진 힘을 깨달아라*Know Your Power*》에서 사회의 모든 역할이 엄마 역할의 확장임에 대해 이렇게 이야기했다.

가족을 보살피는 일은 힘든 일이다. 내가 엄마와 주부로서 얻었던 지혜가 얼마나 귀중한 경험인지를 여성들이 알았으면 좋겠다. 대부분의 경우 이런 지혜가 평가절하되지만 미국 의회를 포함한 인생의 다른 많은 영역에도 바로 적용될 수 있다.

또한 그녀는 "아이들을 기르는 것은 한 명당 한 번씩 세상을 구하는 것이다"라고 말하기도 했다. 그만큼 한 아이를 돌보고 양육하는 데에는 많은 지혜와 능력이 필요하다. 엄마라면 알 것이다. '엄마'라는 호칭이 장착된 여자들에게 불가능한 일은 없다는 사실을 말이다. 따라서 나는 이런 엄마들이 사회에 나왔을 때 일도 잘한다고 믿는다.

내가 경찰에 입문해 가장 많이 했던 업무는 여성, 청소년, 장애인과 관련된 일이었다. 당시만 해도 이런 일들은 변방 업무로 취급받던 한직이었다. 강력범을 잡는 것이 유능한 경찰로 인식되던 분위기에서 가정폭력, 성폭력, 학교폭력은 경찰의 일로 여겨지지 않았고, 2001년에 처음으로 경찰청에 여성정책실이 만들어졌을 정도로 업무의 중요성에 대한 인식도 낮았다. 한직으로 여겨지는 업무였지만 그 일은 어느 업무 못지않게 중요한 일이었고, 세 딸을 둔 나에게는 딱 맞는 역할이었다.

내가 경찰서장을 할 때 어느 날 한 신부님이 아버지는 교도소에 있고 어머니는 가출한 한 소녀가장 여신도가 있는데 그 남동생이 물건을 훔쳐서 유치장에 들어갔다며 잘 좀 인도해달라는 부탁을 하셨다. 나는 그 아이를 서장실로 불렀다. 중학생쯤 되어 보이는 아이는 머리를 길게 기르고 노랗게 염색을 하고 있었다. 서장이 부르니 긴장이 되었는지 고개를 푹 숙이고 어깨를 잔뜩 움츠린 채 힘없이 걸어 들어왔다. 나는 직원에게 아이의 수갑을 풀어주고 나가서 기다리라고 했다.

"이리 와서 앉아."

아이는 나와 눈도 맞추지 않고 천천히 소파에 앉았다. 밖에서는 어땠을지 모르지만 지금은 '저런 아이가 어떻게 절도를 했을까' 하는 생각이 들 정도로 순한 양이었다. 나는 부드럽게 이야기를 시작했다.

"네가 머리를 자르고 노란 머리를 다시 까맣게 하면 판사나 검사님이 너를 잘 봐주실 거야. 너, 전과도 있는데 그러고 가면 불리할 것 같다. 가서 생각해보고 자르고 싶으면 유치장을 지키는 경찰 아저씨에게 이야기해."

아이는 아무 말도 하지 않았다. 나는 내 이름이 새겨져 있는 시계를 아이 손목에 채워주었다.

"이거 내가 특별한 사람들한테만 주는 선물인데 사물함에 넣어두었다가 출소 후에 차고 다니면서 나쁜 마음이 들 때마다 이 시계를 보며 이겨내면 좋겠다. 그리고 어려운 일 있으면 언제든지 찾아와라."

아이가 돌아가고 나서 며칠 후 연락이 왔다.

"서장님, 그 아이가 머리 자른대요."

나는 너무 반가웠다.

"그래, 얼른 미용사 불러서 잘라주라고 해."

아이는 머리를 단정하게 자르고 까맣게 염색을 한 다음 검찰로 송치되었다.

그 후로 나는 유치장에 소년범이 들어오면 아이들과 대화하는 시간을 가졌고, 판공비를 떼어 흰 러닝과 팬티를 사주고 사식도 넣어주곤 했다. 자식을 키우는 엄마 입장에서 어린 나이에 범죄를 저지르고 경찰서에 온 아이들이 세상을 어떻게 받아들일지 걱정되었고, 잘 교화되어 나가길 바라는 마음에서였다. 만약 내가 아이를 키우지 않았다면 피해 여성들, 청소년들, 장애인들과 지금만큼 소통하지 못했을 것이라는 생각도 든다.

이처럼 엄마 역할이 확장되어 업무로까지 이어지면서 성과를 냈으니 '사회의 모든 역할은 엄마 역할의 확장이다'라는 낸시 펠로시의 말을 증명한 것이 되었다. 또한 사회적으로 이러한 업무에 대한 인식도 달라졌다. 내가 초대 여성정책실장을 맡을 때만 해도 다들 여성정책실장은 여경이 하는 일이라 여겼는데, 지금은 여경은 물론 남성 경찰도 승진을 하기 위해서는 거쳐 가야 하는 부서가 되었다. 게다가 현 정부 들어서 가정폭력, 성폭력, 학교폭력이 불량식품과 더불어 '4대 사회악'으로 지정되었으니 참 격세지감을 느낀다.

일단, 다 말해봐

엄마 역할의 확장은 직원들과의 관계에서도 발휘되었다. 나는 지휘관으로 부임할 때마다 직원들과 소통하는 것을 가장 첫 번째 우선순위로 삼았다. 잘 듣는 리더가 좋은 리더라고 생각했기 때문이다. 아무리 바쁘더라도 주기적으로 부서별로 돌아가면서 회식을 했고, 회식자리에는 내가 직접 폭탄주를 만들어 돌리며 먼저 부하직원에게 다가가려고 노력했다. 업무 지시를 할 때도 명령보다는 대화가 먼저였다.

부산경찰청장을 할 때의 일이다. 65세, 85세의 고부가 잔인하게 살해된 사건이 발생했는데 두 달이 되도록 증거를 찾지 못해 수사가 답보 상태에 빠진 적이 있다. 처음에는 자신만만하던 직원들도 강력 사건은 일주일 내에 윤곽이 나오지 않으면 미제 사건이 될 확률이 높다며 사기가 저하되었고, 경찰을 향한 언론의 비난도 거세졌다.

나는 먼저 수사팀 70명과 함께 돼지국밥을 먹었다. 그런 뒤 청
장 주재 수사팀장 간담회를 이어갔다. 사건 발생 두 달이 다 되어
가고 다섯 번 째 간담회가 되자 나는 고민에 빠졌다.

'화를 내며 세게 몰아붙일 것인가, 아니면 한 번 더 격려하며 기
다릴 것인가.'

그러는 중에 어느 형사가 범인을 잡고자 피해자가 살해된 피투
성이 침대에서 하룻밤을 자며 피해자와 대화를 했다는 말을 듣고
직원들을 신뢰하며 애로사항을 듣기로 했다.

'이번에는 청장한테 깨지겠군….'

간담회가 시작되자 수사팀장들은 사기가 떨어진 표정으로 자리
에 앉아 있었다. 나는 낮은 어조로 이야기를 시작했다.

"제가 오늘 여러분을 부른 것은 혼내기 위해서가 아닙니다. 수
사에 어떤 애로사항이 있는지 듣기 위해서입니다. 애로사항이나
건의사항이 있으면 모두 말씀해주세요."

모두들 안도하는 표정이었다. 처음에는 머뭇거리더니 한 팀장
이 이야기를 했다.

"CCTV를 매일 보고 있는데 요만한 노트북으로 보려니까 눈이
빠지겠습니다. 노트북 좀 큰 것으로 바꿔주시면 좋겠습니다."

그 이야기를 듣자마자 나는 즉시 화면이 크고 해상도가 높은 커
다란 노트북으로 교체해주었다. 그랬더니 웬일인가. 작은 노트북

에서는 보이지 않던 피해자 집 뒤에 있는 용의자 차가 보였고, 그 차량을 수배해서 범인을 잡을 수 있었다.

범인을 검거하고 직원들과 이야기를 나누는 과정에서 당시 모두가 '이젠 정말 깨지겠구나' 하고 생각했는데, 생각지 못한 격려와 애로사항을 말하라고 하니 수사 열정이 살아났다고 한다. 나는 제대로 된 지휘관 교육 없이 중간관리자를 거쳐 좌충우돌하는 가운데 리더십을 배워갔는데, 내가 경험한 바에 의하면 아랫사람들을 살피고 그들의 목소리를 잘 들어주는 것만큼 신뢰를 주는 것은 없다. 물론 리더의 소신과 추진력으로 밀어붙여야 하는 경우도 있지만, 엄마가 자식의 이야기를 잘 들어주듯 듣는 리더십이야말로 사건 해결은 물론 고생하는 직원들의 사기를 위해 꼭 필요한 업무 능력이다.

언제든 열려 있는 방

내가 중간관리자를 할 때 가장 답답했던 점 중 하나가 국장님이나 청장님의 결재 시간이 정해져 있는 것이었다. 일반 조직과 마찬가지로 경찰 조직도 아래 단계에서부터 결재가 올라가야 하는데 과장까지는 한 사무실에 있어 자주 만나 결재를 받을 수 있지만, 따로 방을 쓰고 있는 국장님이나 청장님은 시간을 정해 결재를 받는 것이 관습이었다.

"사회의 모든 역할은 엄마 역할의 확장이다."
미국 역사상 여성으로는 사상 처음으로 연방 하원의장을 지낸
낸시 펠로시의 말에 나는 100퍼센트 동의한다.

여성청소년과장 때 아동성폭력 세미나에서

보통 오후 4시에서 6시 사이에 결재가 이루어져 결재를 받기 위해서는 그 시간에 국장님이나 청장님 방 앞에서 기다리고 있어야 했다. 게다가 앞사람이 들어가서 시간을 많이 써버리면 뒷사람은 그냥 돌아와야 하는 경우도 많았다. 때로는 너무 급한 마음에 청장님이 나가시는데 1층까지 쫓아내려가 차 타기 직전에 결재를 받은 적도 있다.

현장 업무는 급박하게 돌아가는데 시간에 맞춰 결재줄을 서는 것은 쉬운 일이 아니었다. 사건 사고가 발생하고 범인 검거를 코앞에 두고 있는데 결재가 이루어지지 않아 지시 내용을 일선에 전달할 수 없을 때는 속이 타들어가고 저절로 발이 굴러졌다. 그래서 나는 지휘관이 되었을 때 항상 내 방의 문을 열어놓았다. 아침이든 저녁이든 언제든지 들어와 결재를 받고 하고 싶은 이야기는 무엇이든지 하라는 뜻이었다. 또한 직급이 올라갈수록 비리와 연루되기 쉽기 때문에 외부 인사가 방문할 때는 의혹의 소지를 없애기 위해 문을 열어놓고 미팅을 했다.

보고받은 내용은 그 자리에서 수정사항과 지시사항을 알려주었고 결재가 난 일에 대해서는 최대한 빨리 진행되도록 지원을 해주었다. 기존에는 결재를 올리면 1,2일은 보통이고 일주일이 지나도록 답변이 없어 답답한 경우가 많았는데 나는 이런 시스템을 뜯어 고치기 위해 노력했다.

공부하는 엄마의 시간은
거꾸로 간다

시위대와 노래방에 가다

나는 결재를 통한 내부 직원들과 소통뿐 아니라 범죄 피해자들, 시위대와의 소통에도 관심을 기울였다. 경찰 업무를 하다 보니 자주 시위대와 만났다. 마포서장을 할 때는 시각장애인들이 마포대교를 점거하고 한 달이 넘게 고공 시위를 벌였다.

내가 시위대를 대하는 첫 번째 원칙은 시위대와 시민들의 안전이었다. 시각장애인들이 마포대교에서 차로를 막고 시위를 할 때는 무척 위험한 상황이었다. 시각장애인들이라 시위를 하다 흥분을 하면 차도로 뛰어들기도 하고 다리 밑으로 뛰어내리려 난간에 매달리기도 했다. 또한 마포대교를 지나는 시민들의 불편도 만만치 않았다.

나는 매일 아침 마포대교로 출근했고 밤늦은 퇴근길에도 들러챙겼다. 그리고 시각장애인들의 이야기를 들었다. 그들은 '안마시술을 시각장애인만 할 수 있다는 것'이 위헌 결정이 난 것에 대한 불만을 이야기했다. 나는 그들의 이야기를 충분히 듣고 공감해주었다. 하지만 시위 방법은 옳지 않다고 이야기했다.

"당신들이 아무리 옳아도 이런 식으로 시민들에게 불편을 주고, 이렇게 위험한 방식으로 시위를 해서는 안 됩니다. 당신들의 의견을 논리적으로 정리해서 정부에 건의해보세요. 이런 물리적인 시위보다는 합리적인 방법을 선택하는 것이 여러분의 요구를 관철하는 데 더 도움이 될 것입니다."

처음에 내 말을 믿지 않고 거부 반응을 보였던 시위대들은 내가 한 달이 넘게 아침마다 와서 자신들의 건강을 살피고 쓰레기도 치워주며 편의를 제공하니 차츰 내 말을 귀 기울여 들어주었다. 그래서 40일 만에 평화롭게 시위를 마무리할 수 있었다.

진천서장을 할 때는 농민회에서 시위를 벌였는데, 그중에 한 어린아이가 눈에 띄었다. 왜 이런 곳에 아이가 있을까 의아하여 관계자들에게 물었더니, 시위대장의 아이라는 것이다. 나는 시위대장을 만나 영문을 물었다.

"왜 아이를 이런 시위 현장에 데리고 나오나요?"

그러자 참으로 황당한 대답이 돌아왔다.

"어렸을 때부터 투쟁심을 키워주려고요. 불의에 싸우는 것을 알려줘야 해요."

그는 학교에서 부모와 현장학습 가는 것을 이용해 아이를 데려온 것이었다. 시위 현장은 아이들의 정서에 도움이 될 만한 곳이 아니었고, 아니나 다를까 그곳에서 아이는 많이 불안해 보였다. 나는 단호하게 이야기했다.

"당신 아이가 폭력을 배우면서 자라길 원합니까? 한 번만 더 아이를 데리고 시위 현장에 오면 바로 아동학대로 구속할 테니 알아서 하세요."

농담이 아니었다. 나는 이 부분에 대해서는 엄격하게 했지만, 농민회 간부들과 시위를 놓고 소통할 때는 진솔하게 다가갔다. 함께 밥도 먹고, 막걸리도 마시고, 노래방도 같이 가서 목청껏 노래도 부르면서 마음을 열고 대화를 나누고자 노력했고, 어떤 식으로 정부와 소통하면 좋은지 내 지식과 경험을 바탕으로 알려주었다. 이래서 내가 'GO 속에 NGO'라는 이야기를 들었던 것 같다.

일벌백계의 중요성

하지만 모든 일이 그렇듯 무조건 들어주고 수용할 수는 없다. 특히 경찰 조직에서 그러기는 더욱 힘든 일이다. 아이들이 아무리 사랑스럽더라도 잘못을 하면 아이를 위해 따끔하게 혼내는 것처럼 일을 하는 데 있어서도 잘잘못을 명확하게 판단해서 처벌해야 한다. 더욱이 범죄 사건과 관련해서는 감정에 휘둘려 냉정함을 잃어버려서는 안 된다.

조사 중 가해자의 진술을 듣다 보면 범인들의 인간적인 호소에 마음이 약해질 수 있다. 그러나 범인은 안쓰럽더라도 그 죄에 대해서는 단호한 입장을 보여야 한다. '마포발바리'를 검거한 후 경찰서장실에서 범인을 만났을 때의 일이다. 그는 수갑을 차고 목을 길게 늘어뜨리고 앉아 눈물을 뚝뚝 흘리며 말했다.

"늙으신 어머니와 단둘이 어렵게 살고 있어요. 제가 감옥에 들어가면 어머니를 돌볼 사람이 없습니다."

그의 말이 거짓말 같지는 않았고, 아들을 감옥에 보내야 하는 어머니를 생각하니 마음이 아리기도 했다. 하지만 나는 단호하게 그를 꾸짖었다. 자신 때문에 끔찍한 고통을 당한 피해자들은 생각하지도 않고, 자기 어머니만 생각하며 우는 모습이 괘씸했기 때문이다.

나는 게으름을 피우면서 제대로 일하지 않는 직원들에게도 단호했다. 누구나 다 올챙이 적 시절이 있으므로 성과가 없어도 배우려고 노력하면 되는데, 능력도 없고 노력도 안 하면서 입만 가지고 뒷말로 부정적 분위기를 만드는 직원들에게는 일침이 필요했다. 큰소리로 야단도 치고, 지휘관일 때는 보직도 바꾸는 등 일벌백계로 직원들을 다스렸다. 그래서 일부에서는 나를 매정한 사람으로 평가하기도 했지만, 나는 잘못한 자식을 대하는 엄마의 심정으로 부하 직원들을 대했고 그것이 사람과 조직을 위해 나은 일이라 여겼다.

빅마마 리더십

나는 부산경찰청 취임식 때 사회적 약자에 대한 선택과 집중 전략으로 범죄 발생 후 진압보다 예방에 중점을 두는 이른바 '빅마마(큰어머니) 리더십'을 발휘하는 데 힘쓰겠다고 포부를 말한 적 있다. 빅마마 리더십은 나의 친정어머니를 보며 떠올린 말이었다. 시골 종갓집 맏며느리이신 우리 어머니는 증조할아버지, 증조할머니,

할아버지, 할머니, 아버지까지 병 간호를 하시면서도 6남매를 키우신 말 그대로 빅마마였다. 나는 모든 것을 포용하면서도 대가족을 지혜롭게 이끌며 살아오신 나의 어머니를 닮고 싶었다.

경찰 조직이 남성 위주로 돌아가다 보니 추진력과 집행력은 있지만 포용력이 없는 것이 사실이었다. 그래서 '경찰서' 하면 긍정적 이미지보다는 권위의 상징으로 다가가지 않았나 싶다. 일하는 많은 여성들이 자신의 조직 안에서 빅마마 리더십을 발휘했으면 하는 바람이다. 포용하면서도 업무와 조직을 장악할 수 있는 여성들만의 장점으로 나아갔으면 좋겠다.

자신만의
총알을 장전하라

아이를 둔 일하는 여성들의 핸디캡 가운데 하나는 오직 일에만 집중하기가 어렵다는 것이다. 결혼 전에는 일 처리가 야무지기로 유명했던 여성들도 결혼을 하고 아이를 낳고 나면 살림하랴, 아이 챙기랴, 일하랴, 어느 한군데 집중하기가 쉽지 않다. 직장에 오면 어린이집에 맡긴 아이가 잘 있는지 또 오늘 저녁에는 뭐 해 먹을지 걱정이고, 집에 가면 미처 처리하고 오지 못한 회사 일 때문에 마음이 무겁다. 그러면서 가정에서나 회사에서나 끊임없이 불평만 늘어놓게 되는데 경험해봤으면 알겠지만 모두 소용없는 일이다.

이를 해결할 수 있는 방법은 하나다. 회사에 오면 회사 일에만

공부하는 엄마의 시간은
거꾸로 간다

집중하는 것이다. 회사에서 아이 걱정한다고 해서 당장 아이에게 달려갈 수도 없는 일이지 않은가. 어차피 지금 내 몸이 회사에 있으니 일이나 잘하자는 것이 내 생각이다. 그렇다면 회사에서 일에만 집중하기 위해서는 어떻게 해야 할까?

마거릿 대처 헤어스타일

내 경우를 일반 회사에 다니는 엄마들에게 그대로 적용하기는 힘들겠지만 나는 직장 생활을 하는 여성들이 마음을 좀 더 강하게 먹고 일에 집중했으면 좋겠다. 직장 상사에게 매일같이 깨져도 처자식을 먹여 살리기 위해 고군분투하는 남자들의 모습을 보라. 남자들만큼 직장에 대한 집념이 있어야 여자들도 살아남을 수 있지 않을까.

직장인으로서의 정체성을 성립하고 강한 의지를 다지기 위해서는 먼저 스스로 마인트 컨트롤을 하는 것이 중요하다. 회사에 출근한 순간부터 또는 집을 나서면서부터 '나는 이제 누구의 아내, 누구의 엄마가 아닌 한 조직의 일원이다'라는 결의를 다져보자. 나의 경우 이러한 마인드 컨트롤은 헤어스타일에서부터 시작되었다.

나는 지금도 현직에 있을 때 헤어스타일을 유지하고 있는데 경찰을 처음 시작할 때만 해도 앞머리가 자연스럽게 흘러 내려오는 나름 여성스러운 헤어스타일이었다. 그런데 경정이 되고 총경이 되면서 맡은 업무마다 긴장이 가해지다 보니 머리카락 한 올 내려오는 것도 신경이 쓰였다. 그래서 어느 날인가부터 머리카락을 완전히 뒤로 넘기고 헤어스프레이로 고정하기 시작했는데, 흡사 내가 존경하는 마거릿 대처의 헤어스타일과 비슷하다. 이런 내 헤어스타일이 특이하게 보이는지 언론 인터뷰를 할 때마다 나에게 헤어스타일을 직접 만드는지에 대해 물어보곤 한다. 어느 일간지 기자는 내 헤어스타일을 보고 중전마마 머리 같다고도 해서 웃음이 나기도 했다.

아침에 화장을 하고 헤어스타일이 완성되고 나면 그때부터 나는 비로소 가정주부에서 경찰로의 변신이다. 이때의 기분은 마치 총에 총알이 장전된 느낌이랄까. 이렇게 되면 무슨 일이건 대처처럼 강인하게 잘해나갈 것 같은 자신감이 생긴다.

버려야 할 것들

과학수사과 계장으로 근무할 때의 일이다. 자리에 앉아 일을 하고 있었는데 갑자기 아랫배가 아프면서 하혈을 하기 시작했다. 나는 다른 사람들이 알까 봐 얼른 의자를 돌리고 주변에 있는 신문지를 모아 바닥에 선혈이 낭자한 피들을 덮었다. 다행히 칸막이가 있어 직원들이 눈치채지 못했다. 대충 주변을 정리한 다음 조용히 일어나 밖으로 나와 경찰청 앞에 있는 병원에 갔다. 진료를 받아보니 의사가 자궁근종이라며 이렇게 클 때까지 아파서 어떻게 참았느냐고 당장 수술을 해야 한다고 했다. 수술을 하고 일주일 뒤 추진했던 일을 진행하기 위해 배에 복대를 하고는 별일 없었다는 듯이 출근을 했다. 사람들이 모두 어떻게 그런 상황에서 혼자 처리하고 빠져나갔는지 궁금해할 정도였다.

어쩌면 그때부터 나에게 '철녀' 이미지가 생긴 것이 아닐까 싶다. 지금 생각해보면 몸 생각 안 하고 일해온 내가 무모해 보이기도 하고, 그런 상황에서 주변에 도움을 요청해도 되는데 그러지 않은 것이 독하게 느껴지기도 한다. 하지만 그때는 다들 업무를 보고 있는데 나 하나 때문에 분위기를 흐리면 안 된다고 생각했다. 그렇게 나는 다른 사람들에게 어떤 식으로든 피해 주지 않는 것을 근무 원칙으로 삼았다.

'나는 여자이니까 봐줄 거야', '나는 애 엄마니까 이해해줄 거야'라고 생각하는 여자들이 있다면 지금 당장 그런 생각을 버리길 바란다. 여자건 남자건 직장인들에게는 '여자보다 남자가 더 힘든 일을 해야 한다'라는 잘못된 생각이 있는 것 같다. 직장에서 각자의 정체성은 여자 또는 남자가 아니라 다 같은 직장인이다. 따라서 남자 일 여자 일 가리지 말고, 힘든 일 쉬운 일 따지지 말고, 회사에 필요한 일이라면 먼저 나서서 하는 자세가 중요하다. 나는 세 딸에게 어디에 있든 이왕이면 아무도 하지 않는 궂은일을 맡으라고 당부한다. 여자라고 편한 일, 쉬운 일만 찾아서 한다면 더 나은 모습으로 성장하기가 어렵다.

또한 여자들은 감정을 다스리는 법을 배워야 한다. 여자들이 남자들에 비해 약하다는 인상을 주는 데에는 여자들이 다분히 감정적이기 때문일 수 있다. 일을 하다가 감정적으로 부딪히는 경우도 더 잦고 또 그 영향이 고스란히 업무로 이어지는 경우도 많다. 상사가 쓴소리를 하거나 야단을 친다고 금방 얼굴이 굳어지거나 쉽게 달아오르는 부하 직원을 어떻게 신뢰하고 일을 맡길 수 있겠는가. 감정에 약한 여성일수록 일과 감정을 분리하는 연습이 필요하다.

밥 잘 사는 여자

남녀 직장인들이 삼삼오오 모여 밥을 먹고 난 후 계산할 때보면 남자직원이 호기 있게 신용카드를 꺼내 들고 여자직원들은 뒤에서서 웃으며 "잘 먹었다"라고 인사하는 경우를 많이 본다. 이런 모습을 보며 나는 반대 경우가 많았으면 하는 생각을 하곤 한다.

사람들을 사귀는 데 있어 밥만큼 중요한 매개체는 없다.

"언제 밥 한번 먹어요."

어느 정도 친해지면 이런 말을 스스럼없이 주고받는데 이것은 뻔한 인사말처럼 느껴지기도 하지만 '당신과 친하고 싶다'는 메시지를 담고 있는 경우가 많다. 인간관계의 중요한 매개체인 밥을 사준다는 것은 그래서 중요하다. 특히나 여자가 밥을 산다는 것은 남자에게 의존적이지 않고 관계를 주도하는 모습이어서 좋은 거 같다.

그래서 나는 지휘관이 되기 전부터 사람들을 만나면 자주 밥을 사주었다. 특히나 남자들과 식사를 하거나 술을 마시게 되면 내가 먼저 나서서 계산을 했다. 집안의 가장인 남자들은 가정의 생계를 책임져야 하기에 여자들이 생각하는 것보다 지출을 부담스러워 한다. 맞벌이를 하는 여성이라면 먼저 나서서 계산을 해보라. 그러면 남자들이 내심 좋아할 것이고, 이런 분위기는 업무를 할 때도 이어져 서로 우호적인 분위기에서 일을 할 수 있다.

생계형 음주

나처럼 남자들이 많은 조직에서 일하는 여성이라면 밥만큼 중요한 것이 술이다. 요즘은 많이 달라졌다고 하지만 남자들의 문화에서 술이 빠지면 시체라고 할 정도로 술이 중요한 매개체가 된다. 술자리에서 잔을 부딪치고 거나하게 취한 모습도 봐야 상대방에 대한 경계가 풀리고 호흡도 잘 맞는다고 여기기 때문이다. 그래서 회식은 단순히 먹고 마시는 자리가 아니라 원활한 직장 생활을 위한 필수 코스이다.

특히 계급이 올라갈수록 직원들과 끈끈한 유대를 맺기 위해서는 상사가 회식 분위기를 잘 이끌어야 한다. 나는 솔직히 술을 잘 못 마신다. 37살에 경감이 되기 전까지는 술을 입에도 대지 않았던 사람이다. 그런데 경감 직급을 달고 일을 하면서부터는 부하 직원들이 대부분 남자여서 술을 마시지 않으면 일이 안 되는 분위기였다. 특히 내가 일할 때에는 술을 잘 먹는 것이 직장인들의 능력인 것처럼 여겨지던 시기라 술자리 없이는 부하 직원을 다루기 힘들었다.

"밥 먹으면서 폭탄주를 말아 돌리는 것처럼 카리스마 쩌는 게 없지."

어떤 국장의 말이 가슴에 박힌 뒤부터 술을 마시기 시작했다. 처음에는 주량을 잘 몰라서 주는 대로 벌컥벌컥 마시고는 취해서 고생한 적도 많다. 하지만 그때도 부하 직원들 앞에서는 절대 흐트러진 모습을 보이지 않았고 아무리 과음하고 늦게 들어가더라도 꼭 새벽에 출근을 했다. 폭탄주 10잔을 마시고도 아무렇지 않은 척 연기를 하다가 집에 들어오면 바로 오바이트를 한 적이 한두 번이 아니다. 술에 취해 사무실로 들어가서 남편을 불러 집에 간 적도 있었다.

어느 날은 큰 맘 먹고 백화점에서 새로 산 옷을 입고 출근했는데 술자리에서 과음을 하는 바람에 집에 오자마자 변기를 붙들고 구토를 했다. 다음 날 아침 조용히 일어나 시어머니 눈치를 보며 식탁에 앉았는데 어머니께서는 북어국을 끓여주시며 "몸 생각 좀 하라"고 걱정해주셨다. 세상에 이런 시어머니가 어디 있겠는가. 나는 민망한 마음 반, 죄송한 마음 반으로 북어국을 들이키고는 출근 준비에 나서는데 빨랫줄에 어제 입은 투피스가 걸려 있는 것이 보였다. 밤사이 시어머니께서 구토 자국이 묻은 며느리 옷을 손수 빨아주신 것이다. 하지만 그 옷은 물빨래가 아닌 드라이클리닝을 해야 하는 옷이었고, 옷은 쪼글쪼글해지고 말았다. 그렇다고 내가 무슨 말을 할 수 있겠는가. 죄송한 마음에 아무 말도 못하고 조용히 그 옷을 버렸던 기억이 난다.

남편과 함께 건강검진을 받았을 때 남편 간은 멀쩡한 데 비해 아내인 나는 지방간 진단을 받아 민망했던 적도 있다. 하지만 나는 지방간 진단을 받았어도 업무에 필요하다 싶으면 어떤 술자리건 마다치 않고 참석하여 남성 직원들과 어울렸다. 그야말로 '생계형 음주'였던 것이다. 소주와 맥주를 섞어 마시는 '소폭'을 경감 경정 때는 10잔, 총경 경무관 때는 7잔, 치안정감 때는 5잔 정도 마셨고, 폭탄주 제조 기술을 익혀 직접 폭탄주를 돌리며 분위기를 띄우기도 했다. 남성적인 경찰문화 속에서 융화되기 위해 더 와일드하게 행동했던 것이다.

술도 일을 한다

한번은 아동안전지킴이 로고를 만드는 일이 떨어졌는데 예산이 넉넉지 않아 물감값만 겨우 지불하고 진행해야 하는 상황이 되었다. 그런데 이왕이면 어린이들의 안전을 위한 이 로고를 이 분야의 대가가 해주시면 좋겠다는 생각이 들었다. 그때 생각난 사람이 우리나라 만화계를 대표하는 이현세 선생님이었다. 나는 무턱대고 만화가 이현세 선생님을 찾아가 아동안전지킴이 로고의 필요성에 대해 설명했다.

"얼마 전 예슬이와 혜진이라는 아이가 토막 살해를 당했고, 제주도에서는 양지승 어린이가 실종되었다가 시신으로 발견되었습니다. 또 용산에서는 초등학생이 동네 신발가게 아저씨한테 살해되는 등 어린이들의 안전이 크게 위협받고 있습니다. 그래서 저희는 아동안전지킴이 로고를 만들어 전국 거리마다 붙이고 아동안전에 대한 경각심을 심어주고자 합니다. 그리고 이 중요한 일을 선생님과 꼭 함께 했으면 합니다. 그런데 … 경찰의 여건상 예산이 충분하지 않은 상황입니다 … ."

내 장황한 말을 들은 후 이현세 선생님은 밥이나 먹자고 하셨다. 그는 식당에 가서 김치찌개를 시키고 소맥을 만들어 나에게 건네셨다. 몇 달째 감기로 골골거리고 있었지만 주시는 술잔을 거부할 수는 없었다. 나는 호기 있게 술을 받아 마시고 이현세 선생님께 잔을 건넸다. 그렇게 술잔을 주거니 받거니 하는 중에도 나는 아동안전지킴이 로고의 중요성을 이야기했다. 결국 김치찌개 집을 나서며 이현세 선생님은 재능기부 차원에서 로고를 그려주겠다고 약

공부하는 엄마의 시간은
거꾸로 간다

속하셨다. 물론 내 감기는 더 심해져 오랫동안 고생했지만 말이다.

그로부터 얼마 후 아동안전지킴이 로고가 탄생했다. 나는 제작된 로고를 들고 의기양양하게 경찰청장님께 가서 보여드렸다.

"이거 이현세 선생님이 하신 것입니다."

경찰청장님이 깜짝 놀라며 이야기하셨다.

"아, 그래? 역시 이금형 과장이 해냈구먼!"

생계형 음주를 통해 이루어낸 쾌거였다.

진짜 술을 못 마시는 여성이라면 술자리에 어울려 어느 정도 맞춰주는 노력이라도 해야 한다. 술자리에서 술을 권유받으면 "저는 못 마셔요" 하고 거부하는 여성들이 많은데 그보다는 일단은 받아놓고 상황을 봐서 버리든지, 반대로 "제가 먼저 따라 드릴게요" 하고 상황을 바꿔보는 것도 좋다. 술 시중을 하라는 것이 아니라 술잔에 물이라도 따라서 부딪치면서 그 주제에 대해 함께 이야기하고 떠드는 것이 중요하다는 뜻이다. 의외로 술자리에서 업무와 관련된 중요한 이야기들이 오간다는 사실을 잊지 말기를 바란다.

가장 뜨겁게
살아야 할 때

중간관리자는 회사에서 아주 중요한 존재들이다. 사람의 몸으로 치면 허리에 해당하는 사람들인데 허리가 튼튼해야 몸이 건강한 것처럼 중간관리자가 잘해줘야 그 조직이 발전할 수 있다. 이는 경찰 조직도 마찬가지다. 경찰계에서 중간관리자는 계급으로 치면 경감, 경정 때인데 위로는 층층시하 지휘관들이 매의 눈으로 감시하고 있고, 아래에서는 젊은 인재들이 자리를 위협하고 있다.

따라서 중간관리자들은 인생의 그 어느 때보다 치열하게 살아야 한다. 부하 직원들보다 유능해야 하고, 상사들의 마음도 잘 헤아려야 한다. 아래 위에서 온갖 비난이 쏟아지더라도 감수하면서

공부하는 엄마의 시간은
거꾸로 간다

자신의 소신과 신념을 지켜나가는 뚝심도 필요하다. 그래야 조직의 허리 역할을 충실히 하면서 조직을 발전시킬 수 있다.

설치며 일하자

38년간 경찰 생활을 되돌아보면 경감, 경정 때만큼 치열했던 시기가 없었던 것 같다. 당시 나는 30대 후반으로 아이 셋을 돌보며 경찰청 과학수사과 계장과 초대 여성정책실장을 맡고 있었고 그 와중에 방송통신대에 다니고 있었다. 당시 눈코 뜰 새 없이 바쁜 시간을 보내고 있었지만 일에 대한 에너지 또한 최고치인 시기였다. 좋게 말하면 열정, 나쁘게 말하면 일중독이었던 시기가 바로 그때였다.

2004년, 나는 경찰청 생활안전국 여성청소년과장으로 근무하고 있었다. 생활안전국에서 다루는 업무는 성폭력, 학교폭력, 가정폭력 등 여성청소년과 관련한 수사 업무인데 예산은 활동비 명목으로 나오는 1인당 15만 원이 고작이었다. 따라서 여성청소년과를 맡으면서 가장 먼저 해야 할 일은 예산을 확보하는 것이었다. 예산 확보를 위해서는 국회 예산결산특별위원회의(예결위) 승인이 필요했기에 나는 출근하듯이 국회에 드나들었다.

한창 예산이 책정되는 시기에는 경찰청에서 업무를 마친 다음 저녁을 먹고 다시 국회로 출근하여 새벽 2,3시에 퇴근했다. 초콜

릿, 물청심환, 과자 등 먹을거리를 사가지고 가서 요기를 하면서 국회의원도 만나고 보좌관도 만나 여성청소년과 예산의 필요성을 설명하고 또 설명했다. 나이나 지위 고하를 가리지 않고 예산을 따는 데에 필요한 사람이다 싶으면 무조건 얼굴을 디밀었다.

때로는 예결위원장실 문 옆에 서서 예결위원들이 잠깐 화장실에 가기 위해 나오는 순간을 기다리기도 했다. 문을 열고 나오는 예결위원 옆에 딱 붙어서 물청심환 병뚜껑을 따서 내밀며 이야기했다.

"의원님 피곤하시죠? 이것 좀 드시고 하십시오. 그리고 여청과 예산말인데요…."

예결위원이 물청심환을 받아들고 복도를 걸어가는데 뒤따라가면서 준비했던 이야기를 속사포처럼 떠들어댔다. 예결위원장실을 나온 위원이 화장실 문 앞에서 발길을 멈추었다.

"여기까지 들어올 텐가?"

정신없이 이야기하다 보니 남자화장실 앞이었던 것이다. 난 무안해 하며 큰소리로 이야기했다.

"남자가 아닌 게 한이죠. 하하하."

며칠 후 이런 나의 모습이 9시 뉴스에 방송되었다. 뉴스 기자가 예산을 따고자 애쓰는 공무원들을 취재하기 위해 그 자리에 나와 있었던 것이다. 기자가 내 모습이 가장 열정적이었다며 여성청소년과의 예산이 가장 많이 나올 것 같다고 우스갯소리를 하기도 했다. 그런데 뉴스를 본 경찰청장의 예상치 못한 쓴소리가 들려왔다.

"그렇게 설레발치고 다니면서 카메라에나 찍히고!"

순간 서러운 마음이 몰려왔지만 다행히 '지성이면 감천'이라고 불가능할 거라던 여성청소년과 예산이 책정되었고, 그 예산으로 여성청소년과를 꾸려갈 수 있었다.

지금 생각해보면 중간관리자 때는 열정 그 이상으로 일했던 것 같고, 그래야 일이 되었던 것 같다. 남들의 눈에는 설치는 모습일 수 있어도 나에겐 그것이 그 시절 열정의 표현이었다.

옆에 끼고 앉혀라

중간관리자일 때는 실무와 조직 관리를 동시에 잘해내는 유능함이 필요하다. 상부에서 내려온 업무의 특성을 파악해야 하고 부하 직원들에게 업무를 지시하는 실무 능력은 물론, 동기 부여를 통해 직원들이 자발적으로 일할 수 있도록 이끄는 리더십도 필요하다.

나는 부하 직원들에게 일을 가르칠 때 옆에 끼고 앉혀서 일일이 가르쳤다. 내 책상에 의자 두 개를 놓고 나란히 앉아 부하 직원에게 컴퓨터 자판을 치게 하면서 기획서를 같이 만들었다. 그러면서 이야기를 나누었는데 대화의 주제는 하나였다.

"네가 왜 이 일을 해야 하냐면 말이야 ···."

함께 일을 하다가 부하 직원이 못마땅한 표정을 짓거나 부정적인 반응을 보이면 왜 이 일을 열심히 해야 하는지에 대해 계속 설명했다.

"이 일을 열심히 해내는 것이 좋은 경험이 될 거야."

"피해자 입장을 한번 생각해보면 어떨까?"

"네가 이걸 안 하면 뭐가 손해냐면 말이야."

"네가 지금 이 일을 잘해야 서장으로 진급했을 때 다른 일을 더 잘할 수 있어."

일을 해야 하는 이유를 부하 직원의 관점에서 이야기해주니 동기부여가 되는 것 같았다. 인간에게 있어 동기부여는 참 중요하다. 성취의 기쁨 없이 그저 월급이나 받겠다고 일을 하면 오래가지 못한다. 돈이나 명예보다는 '내가 왜 이 일을 해야 하는가'에 대한 뚜렷한 주관이 있으면 힘들어도, 내 뜻대로 되지 않아도 끝까지 할 수 있는 법이다.

부하 직원에게 동기부여를 하기 위해서는 중간관리자가 먼저 뚜렷한 소신을 지니고 있어야 한다. 상부 명령으로 어쩔 수 없이 부하 직원을 독려하는 것이 아니라 자기 스스로 해야 하는 이유를 확실히 갖고 있어야 부하 직원의 불평과 불만에도 뚝심으로 일할 수 있다.

섣부른 설득은 피하라

부하 직원은 상사의 말만 무조건적으로 듣고 상사 비위 맞추기에만 급급한 중간관리자를 신뢰하거나 존경하지 않는다. 그들은 중간관리자에게 상부의 지시에 문제가 있을 경우 자신들의 의견을 모아 건의하는 역할을 기대하고 있으며, 또한 이것이 중간관리자로서 마땅히 해야 할 일이다.

그렇다면 중간관리자로서 임원진이나 지휘부에 의견을 잘 전달하기 위해서는 어떻게 해야 할까? 이때 가장 유의해야 할 것은 '태도'이다. 오랜 세월 직장 생활을 하고 지금의 자리에 오른 분들에게 어설픈 설득이나 가르치려는 태도는 반감을 사기 쉽다. 이때도 역시 왜 그 일을 해야 하는지 상사 입장에서 이야기하는 능력이 필요하다. 한 번에 하려는 욕심을 버리고 한 번 해서 안 되면 두 번, 두 번 해서 안 되면 세 번, 방법을 달리해 접근하는 것이 좋다. 최대한 정중하고 간결하고 명확하게 말이다.

총경이 된 이후 성매매피해여성들의 인권을 보호하고 성매매알선자들의 처벌을 강화한 성매매방지법이 시행됐을 때, 일부에서는 "여기가 NGO냐?"라는 비판이 있었다. 하지만 손님에게 두들겨 맞아 온몸이 멍투성이가 된 여성, 섬에 팔려가 만신창이가 된 여성, 빚더미에 앉아 하루하루 노예처럼 살아가는 여성들을 두고만 보고 있을 수는 없었다. 현장을 보지 않은 사람들은 모른다. 정말 사람으로는 할 수 없는 짓을 하는 인간들이 세상에는 너무나 많다.

나는 당장 자료를 모으고 설문조사를 실시했다. 그것을 바탕으로 객관적인 데이터를 만들어서 끊임없이 상부를 설득했다. 한 번 실패했다고 좌절하지 않고 나는 이게 맞다 싶으면 어려운 일일까, 쉬운 일일까를 따지지 않고 일을 진행했다. 어느 조직이든 마찬가지라고 보는데, 누가 봐도 옳은 일이라는 사실을 증명하면 조직은 바뀌기 마련이다.

2007년 다시 여성청소년과장을 맡게 되었을 때 나는 경찰청에 처음으로 24시간 보육을 하는 어린이집을 만들었다. 아이 둘만 집에 두고 밤에 검문검색을 나갔다가 밤새 친 천둥번개 때문에 아이들이 경기를 일으켰다는 여경도 있었고, 시골에 계신 시어머니께 아기를 맡겼는데 시어머니가 밭일을 하러 나간 사이 뒤집기를 했던 아기가 이불에 코를 박고 질식사한 가슴 아픈 사연의 여경도 있었다.

부하 직원들의 안타까운 사연을 접하고 가만히 있을 수가 없었던 나는 경찰청에 24시간 보육하는 어린이집을 만들자는 의견을 제시했다. 어린이집이 저녁 7시면 문을 닫아 그 이후에는 아이를 맡길 곳이 없는 여경들을 위한 배려였지만, 아니나 다를까 남자 경찰들과 경찰청장의 반대에 부딪혔다. 경찰청에 시끄럽게 애들 소리가 들리면 업무에 방해된다는 것이 그 이유였다.

나는 청장님을 찾아가 정중히 이야기했다.

"청장님, 동화 가운데 봄이 와도 꽃이 피지 않았던 집에 높은 담

공부하는 엄마의 시간은
거꾸로 간다

을 허물고 마당에 아이들을 맞으니 꽃이 피고 새가 날아들었다는 이야기가 있지 않습니까? 경찰청 어린이집을 만들면 아이들은 천사이기 때문에 경찰청이 잘될 거예요. 경찰청이 잘되면 청장님한테도 좋은 일 아니겠습니까? 하하하."

이렇게 이야기하고 얼마 후 경찰청에 24시간 운영하는 보육 어린이집이 만들어졌다. 여경들이 아이와 함께 출근하고 퇴근하면서 안심하고 일할 수 있게 된 것이다.

중간관리자의 역할은 어느 위치 못지 않게 중요하다. 탄탄한 조직일수록 중간관리자가 탄탄하기 마련이다. 욕 먹는 걸 두려워하지 말고 소신 있게 일하되 아래 위를 잘 살핀다면, 이때 먹은 욕들이 피가 되고 살이 됨을 깨닫게 될 것이다.

몸 사리는 리더십은
힘이 없다

리더십의 요체는 솔선수범이다. 이는 부하 직원들 입장에 서서 '과연 그들은 어떤 상사를 원할까?'를 생각해보면 금방 답이 나온다. 자기는 하는 일 없이 가만히 앉아서 지시만 하는 상사를 좋아할 리 없고, 자기 일도 제대로 못해 떠넘기는 상사를 마음으로 따르는 부하 직원도 없다. 따라서 집에서는 자식이 부모의 거울인 것처럼 회사에서는 부하 직원들이 상사의 거울이 되어야 하는 것이다.

진천서장, 마포서장, 광주경찰청장, 경찰대학장, 부산경찰청장 등 지휘관으로 근무할 때 나는 아침 6시 30분이면 어김없이 출근을 했다. 보통 씻고 화장하고 출근 준비하는 데 한 시간 반 정도 걸리므로 5시에는 일어났다. 그러곤 경찰서에 도착하자마자 바로 업무에 들어갈 수 있도록 모든 준비를 마쳤다. 바쁠 때는 4시에 일어나기도 했고 밤 사이에 사건 사고가 나면 자다가 뛰쳐나가는 일도 빈번했다.

대개 남자 경찰들은 6시 30분에 출근해서 운동도 하고 사우나도 갔지만 난 바로 업무로 들어갔다. 하루 중 가장 머리가 맑을 때인 이 시간을 적극 이용하여 오전 8시 참모회의 시작 전까지 회의 준비를 했다. 밤새 들어온 사건 사고를 살피고, 다른 경찰청과 전국의 사건 사고도 살펴보았다. 중앙일간지를 비롯하여 전국 신문까지 다 훑은 다음 회의에 참석하면 모르는 소식이 없어 자신 있게 회의에 임할 수 있었다.

침대 밑에 놓아둔 무전기

진천서장을 할 때였다. 당시 나는 가족과 떨어져 관사에서 지냈는데, 관사에서도 관내에서 일어나는 일들을 파악하기 위해 무전기를 들고 퇴근하곤 했다. 무전기는 경찰의 혈관 같은 것으로 사건 사고가 일어났을 때 초동대처에 무척 중요한 무기이다. 그래서 들고 들어온 무전기를 잠들기 전까지 켜놓고 듣다가 잠들기 전에 끄고 새벽에 또 일어나자마자 켜놓았다.

하루는 밤 11시쯤 무전기를 들고 있었는데 순찰을 맡은 순경들끼리 잡담하는 소리가 들렸다.

"어이, 김순경 어제 잘 들어갔어?"

"그럼. 이따 막걸리 한 잔 할겨?"

그들은 느릿느릿한 사투리를 써가며 대화하고 있었다. 순간 근무시간에 무전기로 이런 이야기를 주고받는다는 사실에 화가 났지만 그렇다고 갑자기 내가 끼어들 수는 없었다. 다음날 모르는 척 출근하여 일을 마치고 퇴근했다. 그러곤 그날도 무전기를 계속 켜놓고 가만히 듣다가 밤 11시쯤 무전기에 대고 이야기를 했다.

"서장입니다. 밤늦게까지 수고가 많습니다. 힘들더라도 주민들의 안전을 위해 애써주세요."

순간 무전기에서 아무 소리도 들리지 않았다. 다들 '서장이 밤 11시에도 무전을 듣는다 말이야?' 하며 깜짝 놀랐을 것이다. 그 이후로 무전을 통한 잡담이 줄어들고 업무 집중도가 높아졌음은 당연한 일이다. 내가 이렇게까지 근무 태도에 신경을 쓰는 이유는 경찰 출동의 1분 1초는 국민의 생명과 신체에 직결되기 때문이다. 예를 들어 1초 일찍 도착해서 강간이 미수에 그칠 수 있고, 살인사건이 미수에 그쳐 생명을 건질 수도 있다.

무전기를 들고 퇴근하는 버릇은 다시 가족들과 함께 살았던 마포서장을 할 때도 이어졌다. 그런데 어느 날 갑자기 "엥" 하는 소리가 온 집안을 울리더니 곧이어 "… 주급출동 … 알투!" 하며 다급

집에서는 자식이 부모의 거울인 것처럼
회사에서는 부하 직원들이
상사의 거울이 되어야 하는 것이다.

2003년 진천서장 때 경찰청 회의실에서

한 목소리가 튀어나왔다.

그러자 잠들어 있던 남편이 침대에서 벌떡 일어났다.

"도대체 이게 무슨 일이야?"

깜짝 놀라 묻는 남편에게 나는 소리 죽여 자초지종을 설명했다.

"별일 아니야. 집에 왔는데 사건 사고 나면 어떻게 해? 그래서 침대 밑에다 무전기를 켜놨어."

그날 화가 머리끝까지 난 남편에게 백배 사죄하느라 혼났다. 하지만 무전기를 들고 퇴근하는 일을 멈출 수는 없었다. 대신에 무전기 소리를 나만 들을 수 있도록 아주 작게 틀어놓았다.

지휘관이 업무를 너무 빠삭하게 잘 알고 있으면 직원들이 불편하다는 의견들도 많은데 내 생각은 좀 다르다. 지휘관은 부하 직원들보다 더 많이 알고 더 열심히 준비해야 한다. 그래야 직원들도 더 많이 알기 위해 노력하고 더 열심히 준비하기 마련이다. 이것이 바로 리더가 솔선수범했을 때 나타나는 선순환의 모습이다.

내부통신망에 띄운 편지

나는 지휘관으로 일하면서 직원들을 혹사시킨다는 이야기를 참 많이 들었다. 그래서 내가 부서를 옮길 때면 해당 부서원들이 벌벌 떨었다는 이야기도 있다. 특히 여성청소년과를 이끌면서 예슬이, 혜진이 사건 등 아동 성폭력이 연이어 터졌을 때는 성폭력, 가정폭

공부하는 엄마의 시간은
거꾸로 간다

력 업무로 전국 파출소 직원들을 엄청 괴롭혀서 당시 나에 대한 원성이 '전국구'였다. 업무를 지시한 후 제대로 했는지 확인하고, 안 되면 야단치고 내가 생각해도 너무하다 싶을 정도로 들들 볶았다. 그도 그럴 것이 제2, 제3의 예슬이, 혜진이가 나오게 할 수는 없지 않은가. 나는 강도 높은 업무를 지시하면서도 나의 진정성을 보여주고자 노력했다.

"힘들어도 조금만 노력해주세요. 국민들이 경찰을 믿고 있습니다. 부탁합니다."

아마 무조건 일만 빡세게 지시했다면 나에 대한 원성이 더 커졌을 것이다. 나는 진정성을 보여주면서 직원들과의 신뢰를 쌓는 데 나름 주력했다. 직원들이 반대해도 꼭 추진해야 하는 일은 내부통신망에 진심을 담은 대여섯 장의 편지를 올려 설득했다. 직원들의 승진과 포상에 공정성을 확보하려 했고, 특진 승진 기준이 본청에서 하달되면 내부통신망에 공개하고 직원들의 의견도 수렴했다.

광주경찰청장을 할 때는 매주 수요일 오전 현장에 가서 전날 야간 근무자들과 함께 해장국을 먹으며 애로사항을 경청했다. 현장 간담회도 자주 열고 직원들이 제안한 의견을 정책에 반영하기도 했다. 이렇게 큰돈 들이지 않고 직원들과 신뢰를 형성할 수 있는 일들이 많았는데 내가 다가가는 만큼 직원들도 마음을 열어주었다.

'불도저', '철녀'의 이미지를 지닌 나였지만 그렇다고 무조건 일만 시킨 것은 아니었다. 직원들의 생일도 챙기고, 유머집도 들고 다니며 딱딱해지기 쉬운 업무 분위기를 부드럽게 풀어주려고 애썼다. 열심히 준비한 유머가 분위기를 더 썰렁하게 만들 때도 있었지만 말이다. 쉴 때는 확실히 쉬게 해주고 놀 때는 확실히 놀게 해주었다.

내 딸 또래의 전경들이 수고하는 모습을 볼 때면 그렇게 안쓰러울 수가 없었다. 그래서 광주경찰청장으로 있을 때는 판공비를 떼서 '한마당 잔치'를 열어주었다. 부대별 장기자랑과 시상식 등 행사를 마무리해야 할 시간, 평소처럼 제복을 입은 나는 단상에 올랐다. 모두들 청장의 고리타분한 인사말이 얼른 끝나기를 기다리는 것 같았다. 그때 마이크를 잡고 '남행열차'를 신나게 불렀다. 그것도 엄지손가락을 쳐들고 몸을 흔들며 부르니 여기저기서 박장대소가 터져나왔다. 덕분에 나도 오랫만에 즐겁고 유쾌하게 즐길 수 있었다.

이런 노력 덕분일까. 광주경찰청장을 하면서 감동적인 선물을 받았는데 그림을 잘 그리는 기동대 중대원 중 하나가 나의 캐리커처를 그리고 그 밑에 중대원 100여 명이 각자의 이름을 적어 선물로 준 것이다. 올백머리를 한 채 제복을 입은 내가 누군가를 껴안으려는 듯 양팔을 벌리고 있는 모습이었다. 지휘관은 외로운 존재인데 이 선물을 받으며 '나를 지지해주는 사람들이 있구나' 하는 생각에 코끝이 찡해졌다.

조직의 리더는 참 힘든 자리이다. 모두들 높은 자리에 오르려고 애쓰지만 막상 올라와보면 좋은 것만은 아니다. 아랫사람으로 있을 때보다 더 일을 잘해야 함은 물론이고, 마인드와 태도에도 더욱 신경 써야 한다. 일을 잘할 때는 아무 이야기도 안 하다가 하나만 잘못하면 온갖 비난이 쏟아지는 자리가 바로 리더이다. 더 강해야 하고, 더 많이 알아야 하고, 더 배려해야 하고, 더 자신을 낮추어야 한다. 그럴 때 리더의 역할이 빛난다.

욕먹는 것도 능력이다

승진을 할수록 할 수 있는 일도 많아지고 영향력도 강해지지만 그에 비례해서 듣는 욕도 늘어난다. 그래서 난 지금도 사람들한테 이렇게 이야기하곤 한다.

"난 진짜 오래 살 거야. 그동안 엄청 욕을 많이 먹었거든."

진짜 그렇기도 했지만, 일종에 '나는 욕 먹는 게 겁나서 뒤로 물러나지는 않을 것'이라는 사실을 내포하는 나만의 설법이기도 하다. 작은 모임에서라도 리더를 해본 사람은 알 것이다. 학교 엄마들 모임에서 반장을 하거나 동호회에서 총무 자리를 맡아도 칭찬보다는 싫은 소리를 먼저 듣게 된다. 잘하는 것은 당연한 것이고 조금이라도 잘못하면 곧바로 지적질을 하는 것이 사람 심리인 것이다.

나 역시 경찰 생활을 하면서 칭찬보다는 비난을 더 많이 들었다.

칭찬은 가뭄에 콩 나듯이 들려왔지만 비난은 소낙비처럼 세차게 쏟아져 내렸다. 특히 지휘관이 되니 언론에서도 나를 공격하며 내가 시행하는 정책마다 딴지를 걸었다.

안되겠다 싶어서 나는 언론홍보정책대학원에 입학하여 언론을 공부하기로 했다. 언론에 대응하기 위해서는 언론을 잘 알아야만 했기 때문이다. 6개월의 교육과정 중 업무 때문에 빠진 적이 많았지만 언론을 어떻게 대해야 할지 확실히 알게 되었다. 언론을 상대할 때는 팩트 위주의 사실을 이야기할 것, 언론의 비판을 무작정 부정하지만 말고 받아들일 수 있는 부분은 건설적으로 받아들이는 것이었다. 언론의 비판을 받을 때는 사실 기분이 나빴지만 천천히 따져보면 맞는 부분들도 있었기에 언론을 비판적 지지자로 만들자고 마음을 바꿔 먹었다.

나도 사람인지라 욕을 들을 때는 마음이 아프다. 그래서 오십대 이후에는 누군가 싫은 소리를 하면 솔직히 말하곤 한다.

"나도 욕먹으면 아파요. 그만 좀 하세요."

하지만 욕을 먹는다는 것은 그만큼 내가 무언가 열심히 하고 있다는 증거이기도 하다. 내 경험상 일을 조금하면 욕을 조금 먹고, 일을 많이 벌이면 그만큼 욕도 많이 먹는다. 나는 때때로 나를 비판하는 사람을 찾아가서 밥을 먹기도 했는데, 그러면서 내가 어떤 점을 고치면 좋아질지 조언을 구했다. 그러면 그 사람으로부터 전해지던 나에 대한 나쁜 이야기들은 쏙 들어가곤 했다.

여자들은 상대방의 사소한 이야기에 상처받고 의기소침해지기 쉬운데 그럴 것 없다. 세월이 지나면 나의 진실과 진심은 드러나게 마련이다. 그러니 욕먹는 것을 두려워하지 말라.

직장에서
성공하기

1. 마음으로 교감하라

사람은 감동을 받았을 때 마음이 움직이고 행동이 바뀐다. 나와 관계 맺는 모든 사람들과 마음으로 교감하기 위해 노력하라.

2. 냉정함과 단호함을 키워라

일을 할 때는 이성적인 판단이 중요하다. 아이들이 아무리 사랑스러워도 잘못했을 때는 따끔하게 혼내야 하는 것처럼 일에서도 냉정함과 단호함이 중요하다.

3. 직장에서는 일만 하라

직장은 사람들이 일하기 위해 모인 곳이다. 직장에서만큼은 엄마, 아내, 며느리, 딸의 역할을 내려놓고 강해져야 한다.

4. 조직문화에 맞게 소통하라

로마에 가면 로마법을 따라야 한다. 우리 회사 문화가 이러쿵저러쿵 하지 말고 일단은 그 문화를 적극적으로 받아들여라.

5. 기꺼이 '설친다'는 이야기를 들어라

'모난 돌이 정 맞는다'라는 이야기처럼 여자들이 일을 열심히 하고 잘하면 '설친다'는 소리를 듣기 마련이다. 비판과 비난에 기가 죽어 소극적이 되어서는 안 된다.

6. 자발적으로 일하라

시켜서 하는 일보다 자발적으로 하는 일이 성과가 크고 기분도 좋다. 하나를 시키면 열을 해내는 사람이 되어라.

7. 부드럽고 정중하게 설득하라

다른 사람의 의견을 바꾸는 것은 쉬운 일이 아니다. 꼭 하고 싶은 일이 있으면 상대방의 의견을 충분히 존중하는 자세로 부드럽게 설득하는 방법을 익혀야 한다.

8. 솔선수범하라

말보다는 행동이 강한 힘을 발휘한다. 다른 사람보다 일찍 출근하고 궂은일도 맡아서 하며 무슨 일이든 솔선수범하라.

4장

마인드가 바뀌면
인생이 바뀐다

열심히 산 하루만큼
강한 건 없다

13,870일. 내가 경찰 제복을 입었던 날들이다. 언젠가 인터뷰를 하다가 내가 경찰계에 몸담았던 38년이라는 세월을 날짜로 계산해보니 나 자신도 깜짝 놀랄 숫자가 나왔다. 지금 와서 보니 1만 4천여 일이 꿈만 같지만 당시에는 그냥 하루하루 열심히 살았을 뿐이었다. 난관에 부딪쳤던 하루, 이 악물고 버텨낸 하루, 그런 날들 13,870일이 모여 여기까지 온 것이다.

나는 단순한 사람이다. 길고 복잡하게 생각할 것 없이 오늘 하루를 잘 살자는 마음으로 정말 하루하루를 최선을 다해 살았다. 지금에서 돌아보면 '티끌 모아 태산'이라고 열심히 산 하루만큼 강한

공부하는 엄마의 시간은
거꾸로 간다

건 없다는 생각이 든다.

오늘을 뜨겁게

나는 아침부터 저녁까지 하루 24시간이 모자랄 정도로 참 바쁘게 지냈다. 아파서 병원에 입원한 적 말고는 결근한 적도 없고 일하면서 졸아본 적도 커피숍에 앉아 느긋하게 수다를 떨어본 적도 없다. 여름휴가나 겨울휴가 때도 공부하느라 마음 편히 여행을 가본 일 없이 가족들과 계곡에 가서 삼겹살을 구워 먹고 오는 정도가 휴가의 전부였다. 오로지 내게 주어진 일을 성실히 하며 지냈던 날들이었다. 사람들에게 이런 이야기를 하면 어떻게 그렇게 살 수 있는지 의아해하지만 '이 일을 꼭 해내고 싶다'라는 열정이 있었기에 가능했던 것 같다.

내가 가진 못 말리는 성격 가운데 하나가 일을 제대로 해놓지 않으면 잠을 이루지 못할 정도로 스스로 안달복달한다는 사실이다. 경찰 업무의 특성상 범인을 잡고 사건을 해결하면 끝나는 일임에도 불구하고 나는 유사한 사건이 발생하지 않도록 시스템을 마련해놓지 않고서는 그 다음 일이 손에 잡히지 않았다. 특히 내가 담당했던 업무가 아동, 장애인, 청소년, 여성, 노인 등 사회적 약자를 보호하고 도와주는 것이어서 그들의 아픔을 생각하면 근본적인 문제 해결 시스템을 만들어야 했다. 몇 날 며칠의 고민과 조사 끝에 그 방법을 찾아내면 법으로 만들어 제도화시키기 위해 발 벗고 나섰다.

딸 셋을 키우는 엄마 입장에서 특히 아이들과 관련된 문제에 있어서는 열정이 불타올랐다. 아동성폭력, 실종아동 등 아이들과 관련된 범죄와 사건은 나의 열정에 불쏘시개가 되었다. 2005년 실종아동 문제가 한창 사회 이슈가 되었을 때 나는 먼저 182실종아동찾기센터를 만들었다. 아이를 잃어버렸을 때나 실종아동을 발견했을 때 국번 없이 182번으로 전화하면 도움을 받을 수 있는 센터이다.

그리고 미아가 발생했을 때 빨리 찾을 수 있는 법제도를 마련하는 것에 관심을 기울였다. 실종 아동법에 실종아동 유전자은행을 만드는 조항을 포함시키는 일을 진행했다. 실종아동 유전자은행이란 아이들이 어렸을 때 구강상피세포나 머리카락에서 유전자를 채취하여 자료로 만들어놓고, 나중에 아이를 잃어버렸을 때 보육원이나 고아원 등에 있는 아이들 중에 찾을 수 있도록 하는 제도이다. 또한 실종아동 보호시설의 아이들과 자녀를 잃은 부모의 유전자를 채취하여 비교해서 아이들을 부모의 품으로 돌려보낼 수도 있다.

미아가 된 아이들 중에는 너무 어리거나 정신적인 충격이 크면 자신의 이름이나 살던 곳, 엄마아빠 이름 등을 기억 못 하는 경우가 많다. 경찰이 발견해서 보육원이나 고아원에 맡겨지더라도 기억이 정확하지 않기 때문에 부모의 품으로 돌아가기 어려운 것이다. 이때 미리 유전자은행에 DNA 정보를 넣어두었다면 유전자 대조 과정을 거쳐 아이를 찾을 수 있다. 이것이 법으로 정해지면 아이를 잃은 부모들이 전국의 고아원과 보육원을 일일이 찾아다니지 않아도 아이를 만날 수 있는 것이다.

신발 깔창에 붙여놓은 열정표

나는 외국 사례를 참고하여 실종아동 유전자은행을 만들자고 제안하며 법제정을 위해 인권단체, 국회, 복지부, 예산처 등을 쉴 새 없이 뛰어다녔다. 이런 나를 보고 국회에서는 "또 이금형이 왔다"라며 놀라기도 했지만 인권단체들은 강력하게 반대에 나섰다. 정부가 아이들의 유전자를 채취하여 악용할 소지가 있다는 것이다. 인권단체들이 실종아동 유전자은행 추진 내용을 언론에 공개하면서 언론에서도 인권침해라며 비판적인 기사를 게재하는 등 여론이 좋지 않았다.

당황스러웠지만 어쩔 수 없었다. 그만큼 경찰이 국민들의 신뢰를 받지 못하고 있다는 이야기였다. 경찰이 일제 식민지배 시절에는 일본의 앞잡이 노릇을 하고, 군사정부 시절에는 민주화를 염원하는 시위대를 진압하는 데 앞장섰으니 경찰에 대한 이미지가 좋지 않은 것은 당연한 일이었다.

선진 외국에서는 범죄자 유전자은행을 만들어 범인 검거에 활용하고 있지만 당시 우리나라에서는 시도조차 되고 있지 않았다. 그런 상황에서 실종아동 유전자은행을 만들자고 하니 씨알이 먹히지 않았다. 그렇다고 포기할 수 없는 일이었기에 나는 더 적극적으로 설득에 나섰다. 고맙게도 실종아이를 둔 엄마들이 인권단체들과 직접 이야기하겠다며 자리를 마련해달라고 했다. 자신의 아이도 못 찾은 상황에서 다른 아이들을 위해 나서겠다는 것이다. 그런 엄마들을 보며 이 법안을 반드시 통과시켜야겠다는 결심을 확고히 했다.

드디어 실종아동 부모님들과 인권단체의 간담회가 열리는 날, 나는 어느 때보다 긴장해 있었다. 그런 모습이 역력했는지 한 직원이 다가와서 이야기를 했다.

"자신이 꼭 해내고 싶은 일이 있을 때요. 종이에 자신의 의견을 반대하는 사람 이름을 써서 신발 뒤꿈치에 깔고 있으면 그 사람을 설득할 수 있대요."

"진짜 그런 이야기가 있단 말이야?"

나는 반신반의했지만 실종아동유전자 은행을 반드시 만들겠다는 생각에 그 직원의 말대로 포스트잇에 인권단체 관계자의 이름을 쓴 다음 깔창에 붙였다. 그리고 종이가 구겨지지 않게 조심해가며 신발을 신었다. 그러면서 속으로 주문을 외우며 나 스스로에게 자신감을 불어넣었다.

공부하는 엄마의 시간은
거꾸로 간다

'이것은 될 거야. 반드시 될 거야.'

이윽고 간담회가 시작되었다. 나는 신발 깔창에 포스트잇을 붙여둔 사실을 까맣게 잊고 간담회에 집중했다. 열띤 토론을 펼친 끝에 인권단체에서 마침내 유전자은행의 필요성을 인정해주었다. 대신에 인권침해의 우려가 있는 부분에 대한 인권단체의 요구사항을 법안에 넣기로 합의했다.

"휴…."

안도의 한숨이 나오는 순간이었다. 기분 좋게 간담회를 끝내고 참석자들과 식사하는 자리를 마련했다. 그런데 식당에 도착해서 신발을 벗는 순간 깔창에 붙어 있던 포스트잇이 딸려 나왔다. 물론 거기에는 관계자의 이름이 또박또박 적혀 있었다. 순간 깜짝 놀라 얼른 허리를 숙여 종이를 뗐다. 다행히 주변에 본 사람은 아무도 없었지만 그런 내 모습에 저절로 웃음이 나왔다. 정말 이 방법이 효험이 있었던 것일까?

하루는 어떤 식으로든 쌓인다

이 글을 쓰면서 내가 평소에 많이 쓰는 '열정'이란 말에 대한 정의가 궁금해서 국어사전을 찾아보았다. 국어사전에는 다음과 같이 나와 있었다.

잭 웰치는 "최고의 경쟁력은 열정이다"라고 이야기했다.
사람이 성공하기 위한 가장 중요한 요건은 돈도 아니고,
인맥도 아니고, 어떤 환경도 아닌 바로 열정이다.

2001년 여경 창설 기념식에서

열정 : 어떤 일에 열렬한 애정을 가지고 열중하는 마음

나는 이 가운데 '열렬한 애정'이라는 말이 마음에 들었다. 요즘 젊은 사람들 말로 '꽂혔다'라는 표현이 적당할 것이다. 그랬다. 나는 경찰 일에 열렬한 애정을 지니고 있었다. 국민의 안전을 지키고 사회정의를 실현하는 경찰 일이 좋았고, 그 일을 하는 내가 자랑스러웠다. 열정을 가지고 일을 하면 문제에 대한 해결책이 보였고 그 해결책을 실현하기 위해 쉼 없이 달렸다. 주변의 시기와 질투, 따가운 비판에 상처받고 움츠러들기도 했지만 결국은 다시 일어나 달렸다. 그 어떤 것도 경찰 일에 대한 나의 열정을 막지 못했던 것 같다. 그만큼 경찰 일에 열렬한 애정이 있었던 것이다.

세계적인 경영인 잭 웰치(Jack Welch)는 "최고의 경쟁력은 열정이다"라고 이야기했다. 사람이 성공하기 위한 가장 중요한 요건은 돈도 아니고, 인맥도 아니고, 어떤 환경도 아닌 바로 열정이다. 열정이 있는 사람과 그렇지 않은 사람은 시작은 같을지 몰라도 사회생활을 하면 할수록 그 차이는 벌어진다. 열정이 강한 사람은 큰 성취를 할 수 있는 반면, 열정이 약한 사람은 작은 성취도 해내기 힘들기 때문이다.

열정이 있을 때 실패해도 오뚝이처럼 일어날 수 있고, 어떤 역경과 어려움이 있어도 극복할 수 있는 것이다. 따라서 성공하고 싶다면 가장 먼저 해야 할 일은 자신의 일에 대해 열렬한 애정을 가

지고 열중해야 한다. 그럴 때 누가 뭐라 하지 않아도 자신에게 주어진 하루하루를 열심히 살게 되고, 이런 날들이 모여 성공적인 삶이 되는 것이다.

긍정은 천하를 얻고
부정은 깡통 찬다

"당신은 어떻게 늘 그렇게 긍정적인지 모르겠어."

남편이 내게 자주 하는 말이다. 나는 어떤 힘든 일이 있을 때 포기하거나 좌절하지 않고 '밑져야 본전'이라는 긍정적인 마인드로 살아왔다. 고(故) 정주영 회장이 말한 '긍정은 천하를 얻고, 부정은 깡통을 찬다'라는 말은 내가 지휘관으로 있을 때 직원들에게 가장 많이 한 말 중에 하나이다. 고졸 순경 출신에 여자인 내가 경찰 조직에서 두 번째 높은 자리까지 올라왔으니 정말 긍정은 힘이 센 것 같다.

경찰 생활을 하면서 나에게 주어진 보직이나 직책들을 보면 신설된 부서나 중요도가 덜한 부서, 예산이 부족한 부서의 일이 많았다. 과학수사과는 수사 업무를 돕는 부서였고, 여성청소년과는 경찰 일이라고 여겨지지 않던 엑스트라 부서였다. 기존의 경찰 인사 발령 관례를 깨고 서울에서 인천으로 발령이 나기도 하고, '사고청'이라는 불명예스러운 딱지가 붙어 있던 광주경찰청장으로 임명되기도 했다.

일단 긍정으로 받자

경찰은 상명하복의 위계질서가 명확한 조직이라 발령이 나면 사표를 쓰지 않는 한 그 업무를 해야 한다. 학연이 있거나 발령이 나기 전에 상사에게 잘 보이면 자신이 원하는 보직을 받기도 하지만, 학연도 없고 지연도 없고 게다가 여자라 남성 상관들과의 끈끈한 유대가 없었던 나는 늘 발령이 나는 대로 갈 수밖에 없었다. 때로는 억울하기도 했지만 '인생사 새옹지마'라고 지나고 보니 내가 원하던 보직을 받지 못한 것이 꼭 나쁜 일만은 아니었다.

과학수사과에서 여성정책실로 발령을 받았을 때 그동안 해보지 않았던 업무라 당황했지만 그 일은 내가 아동, 여성, 청소년 분야 전문 경찰관으로 성장하는 데 든든한 디딤돌이 되어주었다. 만약 그때 여성정책실 초대 실장을 맡지 않았더라면 지금의 자리까지 올라오지 못했을 것이다. 충북 진천경찰서장을 맡았을 때 역시 가족들과 떨어져 지방 근무를 해야 해서 망설여지기도 했다. 하지만 여성정책실로 자리를 옮겼을 때처럼 이 일이 '나에게 주어진 이유가 있을 것이다'라고 생각하고 짐을 싸서 진천으로 내려갔다.

진천경찰서에 가니 교통사고율이 전국 꼴지라는 오명을 듣고 있었다. 내가 부임하기 전에 심각할 정도로 교통사고율이 높아서 더 이상 높아지면 청장에게 불려가 깨질 것이 분명해 보였다. 나는 부임하자마자 교통사고율 낮추기를 목표로 잡고 직원들에게 이야기했다.

"앞으로 교통 사망사고 현장에는 서장이 나갑니다. 즉시 보고하세요."

어느 일요일, 사망 사고 발생 소식을 듣고 바로 현장으로 달려갔다. 한 아주머니가 결혼식에 가려고 한복을 곱게 차려 입고 대문 밖으로 나왔는데 집 앞에 서 있던 4톤 트럭이 후진하며 아주머니를 친 것이다. 트럭에 친 아주머니는 현장에서 즉사했고, 뒤따라 나오던 남편이 현장을 목격하고는 통곡하고 있었다. 현장에는 피가 흥건하게 고여 있었다. 내가 다가가자 남편이 젊은 여자 서장인 나를 붙잡고, 입 속에서는 흰거품까지 나오면서 읍소했다.

"아이고 서장님, 저희 마누라를 살려주세요. 저기 건너편에 짓고 있는 집 보이시죠? 자식들 다 키워놓고 마누라랑 살라고 짓고 있는 집인데… 이제 저는 어떻게 살아요….'

가슴이 찢어질 듯 아팠다. 교통사고율을 따지기에 앞서 이런 불행을 막아야 했다. 바로 주민들의 안전의식을 높이기 위해 교육 시간을 마련하고 홍보 전단지를 만들어 돌렸다. 그리고 도로에서 교통사고가 발생하는 원인을 찾기 시작했다. 시골이라 가로등이 없어 깜깜했고, 길들이 구불구불해서 반대편에서 오는 차가 보이지 않는 사각지대가 많았다.

나는 불빛을 받으면 선명하게 보이는 고휘도 반사지를 가로등을 대신해 위험 지역 곳곳에 붙이라고 지시했다. 그런데 직원들의 반응이 뜨뜻미지근했다. 한 장에 3만 원이나 하는 것을 붙여봐야 몇 년 안 가서 떨어지니 소용 없다는 것이었다. 나는 정주영 회장의 이야기를 해주었다.

"긍정은 천하를 얻고, 부정은 깡통을 찬다고 합니다. 1년이 가든 2년이 가든 일단 붙여보세요. 주민들이 교통사고를 당하는 것을 막아야 하지 않습니까!"

그렇게 도로 곳곳에 위험, 과속금지, 음주운전금지, 사망사고 발생한 곳 등의 문구를 적은 고휘도 반사지를 붙였다. 몇 년 안 간다고 걱정했던 것이 무색하게 7년이 지난 뒤 충북청차장 발령을 받고 진천경찰서 순시를 가다보니 고휘도 반사지가 말짱하게 붙어 있었다. 이런 노력 덕분에 교통사고율도 줄어들었고, 지역 주민들도 무척 좋아했다. 어떤 일이든 일단 긍정적인 자세로 하고 볼 일이다.

무등산 산신에게 빌다

사람의 마음은 요상해서 누가 이상한 유언비어를 퍼뜨리면 이성적으로는 '이건 아닌데…' 하면서도 믿게 되고, 그 말에 불안해하는 경우가 있다. 광주경찰청장으로 부임했을 때 나 역시 그런 경험을 했다. 나의 광주경찰청장 발령은 '건국 이래 최초의 여성 치안감 지방경찰청장'으로 주목을 받았지만 그 속내는 좋지 않았다.

광주경찰청은 '사고청'이라는 별명이 붙었을 정도로 사건 사고가 많아서 인사발령 때가 되면 모두 가기를 꺼려했다. 내가 6번째 청장으로 부임했는데 선임 청장들이 한 사람만 빼고 불미스럽게 낙마하거나, 교도소를 가거나, 과로로 사망하기까지 했다. 아무리 경찰청장이라고 한들 그런 자리를 누가 선호하겠는가. 내가 광주경찰청장으로 발령이 나자 일각에서는 "이금형이 설치더니 광주까지 쫓겨 가서 끝나는구나" 하는 이야기까지 돌았다고 한다.

하지만 나는 이렇게 생각했다.

'나의 인생관이 긍정적인 사고로 자신감을 가지고 하루하루 최선을 다하자 아닌가. 연고도 없고 출장도 한 번 안 가본 곳이지만 진정성을 갖고 열심히 하면 될 것이다. 그동안 했던 것처럼만 해보자.'

그런데 부임을 하니 이상한 분위기가 느껴졌다. 관사에서 잠을 자고 출근을 하면 직원들이 다가와 물었다.

"청장님, 잠은 잘 주무셨습니까?"

그 말에 왠지 가슴이 싸해졌다. 내가 부임하기 전전 청장이 늦게 퇴근을 한 뒤 관사 욕실에서 반신욕을 하다가 잠이 들었는데 좁은 공간이다 보니 그만 그곳에서 질식사를 했다고 한다. 잠은 잘 잤느냐는 말을 들을 때마다 그 생각이 났다. 게다가 내 관사 방 호수가 404호였다. 나는 미신을 믿지 않았지만 이런 상황이 되니 방 호수만 봐도 찜찜했다. 남편에게 얘기했더니 애완견 시추를 사줘서 '해피'라고 이름 짓고 같이 살았다.

직원들이 안부를 물을 때마다 "그럼요. 잘 자죠" 하고 아무렇지 않은 듯 받아넘겼지만 머릿속은 복잡했다. 잠을 자다가 가슴에 약간의 통증만 느껴져도 남편으로 저장된 휴대폰 단축번호 1번을 눌러야 하나, 그래 봐야 서울에서 뭘 어쩌겠어, 112 상황실에 연락하는 게 나을까, 아니면 119로 직접 할까 별별 생각을 다했다. 게다가 직원들의 자살 이야기도 있었다.

"광주경찰청은 자살하는 직원이 많아요. 1년에 한 10명은 될 걸요. 작년에는 여기서 목 매달아 자살했고요. 얼마 전에는 저기서 자살했어요."

상황이 이렇다보니 경찰청 분위기가 어둡게 가라앉아 있었고, 직원들의 사기도 꺾여 있었다. 이런 분위기를 전환시킬 묘책이 필요했다. 그러던 차에 광주 무등산의 산신이 여신이라는 이야기를 들었다. 광주 시민들은 무등산을 '광주의 어머니산'이라고 부를 정도로 귀하게 여기고 있었다. 나는 직원들과의 회식 자리를 마련한

다음 이렇게 이야기했다.

"내가 조금의 연고도 없는 곳에 청장으로 온 것은 그냥 온 게 아니라 무등산 여신이 부른 것입니다. 내가 왔으니 이제부터 무슨 일이든 잘될 거예요."

그러자 같이 있던 홍보과장이 이제야 생각이 났다는 듯이 맞장구를 쳤다.

"맞습니다, 청장님. 광주청 앞에 연못이 있고 양쪽으로 언덕이 있는데 풍수지리상 광주청의 위치가 음의 기운이 강해서 여자 청장님이 와서 눌러줘야 해요. 이제 앞으로 광주청이 잘될 거예요."

그 말이 맞는지 어쩐지 잘 모르겠으나 그때부터 분위기가 바뀌어 블랙홀이었던 광주경찰청이 112 신고 처리 시간을 전국에서 가장 많이 줄이고, 경찰관들의 비리 근절에 모범이 되는 등 주목을 받기 시작했다. 2012년 10월 국정감사에서 여야를 막론하고 국회의원들로부터 '광주경찰청의 치안 시스템을 많이 개선했다'라는 칭찬을 듣기도 했다.

긍정에도 연습이 필요하다

많은 사람들이 "긍정의 힘을 알긴 하지만 그게 마음먹은 것처럼 안 된다"라고 이야기한다. 또 어떤 사람들은 "이런 상황에서 도대체 어떻게 긍정적일 수 있냐"며 불평하기도 한다. 일이 잘 풀려야 긍정적일 수 있는 것이 아니다. 오히려 그 반대이다. 긍정적이어야 일이 잘 풀린다. 그렇다고 '무조건 잘될 거야' 하고 막연한 희망과 기대를 갖는 것이 긍정이 아니다. 어떤 어려운 상황에서도 좌절하지 않고 '이렇게 해서 안 됐으니 저렇게 해볼까?' 하는 마음을 내는 것이 긍정이다.

긍정적인 자세 역시 하루아침에 되는 것이 아니다. '나 이제부터 긍정적으로 살아야지' 한다고 해서 바로 태도가 달라지지 않는다. 긍정에도 연습이 필요하다. 어떤 문제에 부딪혔을 때 부정적인 생각이 든다면 "문제는 해결하려고 있는 거야. 한번 해보자" 하며 마음을 바꾸는 연습이 필요하다. 그리고 방법을 찾아 하나씩 해보는 것이다. 그 과정에서 실패의 쓴잔을 마실 수도 있다. 하지만 긍정의 힘을 믿는다면 10번 실패하고 100번 실패해도 다시 일어날 수 있을 것이다. 긍정은 자신감을 갖도록 해주고 최선을 다하도록 해준다.

옳은 일을 하면
자식이 득 본다

모든 일에 긍정정인 자세로 임하는 것이 중요하지만 옳지 않은 일까지도 긍정적으로 바라볼 수는 없는 노릇이다. 그동안 경찰 생활을 하면서 나에게 어떠한 보직이 주어지더라도 긍정적으로 받아들이고 열심히 하려 했지만 내가 고위 간부가 되었는데도 보직 차별이 여전한 것은 대충 넘길 수 없다. 또한 여성, 청소년, 아동 등 사회적 약자를 보호하는 일을 비롯하여 경찰 업무를 하는 데 있어서도 내가 옳다고 생각하는 일을 반대하는 사람이 많다고 하여 포기할 수는 없었다. 이럴 때는 소신을 지니고 밀어붙이는 자세가 필요했다.

딸의 시험 패스는 엄마 덕?

큰딸이 행정고시 마지막 관문인 3차 면접을 보고 와서는 나에게 신나게 떠들었다.

"엄마, 내가 엄마 덕분에 면접을 잘 봤어."

"무슨 소리니? 엄마 때문에 면접을 잘 봤다고?"

"응. 엄마가 늘 말했던 성매매특별법이 오늘 면접 시험에 나온 거 있지."

큰딸이 치른 행정고시 3차 면접은 한 가지 주제에 대해 개별면접과 토론면접을 하는 식으로 진행되는데, 개별면접을 할 때는 면접 주제가 써 있는 A4 용지 뭉치에서 면접자가 무작위로 한 장을 뽑아 해당 주제에 대해 30여 분 동안 자신의 의견을 설명하는 형태로 이루어진다. 면접자인 큰딸도 두근거리는 마음으로 문제지를 뽑았다. 그런데 이게 웬일인가. 면접 주제가 내가 그토록 떠들었던 성매매특별법이었던 것이다. 당시 나는 성매매특별법을 강력하게 주장하고 있었고, 이러한 내용이 각종 신문이나 언론에 보도되었다. 따라서 딸은 자연스럽게 이 주제를 숙지하고 있었고, 면접장에서 어렵지 않게 술술 이야기할 수 있었다. 나는 지금도 아이에게 행정고시를 합격한 것은 다 엄마 덕이라고 농담으로 이야기를 한다.

2004년 성매매 피해여성들의 인권을 보호하고 성매매 알선자들의 처벌을 강화한 성매매특별법이 시행되었다. 당시 경찰청 여성청소년과장으로 있던 나는 누구보다 이 법의 시행을 반겼다. 그동안 손님에게 두들겨 맞아 온몸이 멍투성이가 된 여성, 섬에 팔려가 만신창이가 된 여성, 빚더미에 눌려 노예처럼 살아가는 성매매 피해여성들을 보며 너무 안타까워 발을 동동 굴렀던 적이 한두 번이 아니었다.

나는 성매매특별법이 시행되자마자 성매매피해여성 긴급지원센터를 설치하고 성매매와의 전쟁을 선포했다. 그러자 여기저기서 반대의 목소리가 터져 나왔다.

"경찰이 무슨 NGO 단체인 줄 아느냐!"

"성매매 여성들은 손쉽게 돈을 벌기 위해 스스로 타락한 여성들인데 뭘 도와주려 하느냐."

"성매매는 필요악이다. 성매매를 금지하면 성폭력 등 성범죄율이 더 높아질 것이다."

이런 의견들은 성매매의 현실을 모르고 하는 이야기다. 성매매 현장을 보지 않은 사람들은 잘 모른다. 정말 인간으로서는 도저히 할 수 없는 일들을 저지르는 인간들이 너무도 많다. 성매매 여성들은 대부분 선불금 사기와 강압에 못 이겨 성매매를 시작했고, 하루에 10~15번씩 성관계를 강요당하기 때문에 몸도 엉망이다. 성매매피해여성 긴급지원 센터를 통해 구출된 여성들은 하나같이 "차라리 막노동을 하는 게 몸도 마음도 훨씬 편하겠다"라고 말할 정도다.

또한 성매매가 만연한 국가에서 오히려 성범죄 발생 비율이 높게 나타나고 있는 것을 보면 성매매를 금지할 경우 성범죄가 높아진다는 것도 잘못된 인식임을 알 수 있다. 최근에 중국으로 수학여행을 간 남자 고등학생들이 현지에서 단체로 성매매를 했다는 사실에 충격을 금할 수가 없었다. 어른들의 문화가 그대로 아이들에게 이어지고 있는 것이었다. 성매매를 접대의 수단, 쾌락의 도구로 여기는 일부 남성들의 의식을 바꾸는 것도 시급한 일이다.

따라서 나는 반대 의견에도 불구하고 성매매 단속의 고삐를 늦추지 않았고, 성매매피해여성들이 기억하기 쉽고 사용하기 편한 3자리 긴급번호 117을 어렵게 확보하여 개통했다.

어느 날 117번호로 한 남성이 전화를 걸어왔다.

"제 여자친구가 빚을 갚지 못해 성매매를 강요당하고 있어요. 지금 자궁암에 걸렸는데 빚 때문에 치료도 못 받고 있습니다. 빨리 구해주세요."

신고를 받고 조사해보니 여자친구가 사채업자에게 빌린 돈을 갚지 못해 성매매를 시작했다고 한다. 성매매를 무척 많이 했으나 업주의 선불금에 이자가 붙고, 그 이자에 또 이자가 붙어 이제는 도저히 빠져나올 수 없는 지경에 이른 것이었다. 나는 업주를 구속시키고 여자친구를 데려와 경찰병원에 입원시켰다. 진료를 해보니 자궁경부암 말기였다. 자궁암에 걸린 줄도 모르고 성매매를 강요당하다가 말기에까지 이른 것이다.

초겨울 바람이 쌀쌀하던 때라 나는 망토를 하나 사서 그 여성을 찾아갔다. 가볍게 눈인사를 나눈 후 사온 망토를 펼쳐서 여성의 어깨에 둘러주었다. 그 여성은 편안한 미소를 지으며 나를 바라보았다. 그리고 며칠 후 하늘나라로 떠났다. 이런 사례를 접하면서 아무리 반대 의견이 심해도 성매매를 근절해야 한다는 나의 소신은 더 강해졌다.

고통받는 여성들을 위해

성매매특별법을 시행하면서 실상이 어떤지 알기 위해 성매매를 하다 구출된 여성들과 단속된 여성들의 동의를 얻어 성매매 여성이 많이 걸리는 질병에 대해 조사를 해보았다. 성매매 여성 302명을 대상으로 조사를 했는데 결과는 충격적이었다. 질염, 성병, 골반염, 방광염, 신장염, 디스크, 우울증, 불면증, 빈혈, 위장병, 호흡기질환, 무기력증, 심장질환 등 질병의 종류가 종합병원이었다. 어떤 여성은 4~5가지 질병을 동시에 앓고 있기도 했다.

업주들의 행태도 기가 막혔다. 성매매를 하는 대부분의 여성들은 급하게 큰돈이 필요하거나, 몸만 있으면 쉽게 돈을 벌 수 있다는 유혹에 빠져 성매매를 하게 된다. 업주들은 여성들의 이런 심리를 이용해 선불금 형태로 돈을 빌려주고 차용증을 받은 뒤 성매매를 통해 돈을 벌어 갚게 하고 있다. 선불금이 고리라서 돈을 제때 갚지 못하면 이자에 이자가 붙어 성매매의 늪에서 빠져나오지 못하게 되는 것이다.

어떤 업주는 성매매를 했던 여성이 선불금을 모두 갚고 결혼해서 가정을 이루었는데 그전에 쓴 차용증서를 가져와 돈을 갚지 않으면 남편과 주변 사람들에게 알리겠다고 협박했다. 그 여성이 돈을 주지 않자 업주는 대문에 'ㅇㅇ는 창녀였다'라고 써놓고 주변 사람들에게 소문을 냈다. 이 사실을 안 남편이 괴로워하다 결국 자살을 하는 사건도 있었다. 이처럼 업주들은 여성이 성매매를 했다는 사실을 무기로 벗어날 수 없는 족쇄를 채우는 것이었다. 그런데도 성매매특별법이 위헌인 것일까.

결국 소신이 일한다

경찰이라면 사회정의를 위해 필요한 일은 꼭 해야 한다고 생각한다. 특히나 주목받지 못하는 사회적 약자를 보호하는 일이라면 적극적으로 나서야 한다. 그래야 신뢰받는 경찰이 될 수 있고, 개인적으로도 일에서 보람을 찾을 수 있다.

일할 때뿐 아니라 인생을 살면서 중요한 것이 소신이다. 긍정적으로 살고 다른 사람을 배려하며 산다고 해도 자기 소신이 없으면 앙꼬 없는 찐빵이 된다. 경찰은 경찰로서 소신이 있어야 하고, 기업의 CEO는 CEO로서, 엄마는 엄마로서 소신이 있어야 한다. 이 소신은 어떠한 경우에도 지켜져야 하고, 옳다고 생각하면 절대 포

공부하는 엄마의 시간은
거꾸로 간다

기해서는 안 된다. 그냥 봐 넘길 수도 있고, 내 일이 아니라 미룰 수도 있는 일들을 끝까지 쫓아다닌 이유 역시 내 소신 때문이었다.

한 번 실패했다고 해서 좌절하지 않고 나는 이게 맞다 싶으면 어려운 일일까, 쉬운 일일까 따지지 않고 일을 진행했다. 어느 조직이든 마찬가지라고 보는데, 누가 봐도 옳은 것이라는 사실을 증명하면 조직은 바뀌기 마련이다. 나는 내가 옳다고 생각하는 일을 추진하고 그 일이 성사되었을 때 큰 기쁨을 느꼈다. 어떤 일이 성사되었다는 것은 내 소신이 맞았다는 이야기이고, 많은 사람들이 내 소신을 지지해주었다는 뜻이라 볼 수 있다.

낡은 패러다임을
바꿔라

'남들과 똑같아서는 발전할 수 없다'는 이야기를 많이 한다. 다르게 보고, 다르게 생각하고, 다르게 행동해야 남과 다른 나만의 발전을 이룰 수 있는 것이다. 예전에는 누가 많이 알고 누가 빨리 하느냐가 중요했지만 요즘 같은 시대에는 누가 얼마나 다르게 하느냐가 성공의 주요 요인이 되고 있다. 입사시험에서도 출신 대학이나 시험 성적보다는 얼마나 창의적인 사고를 하는 사람인가가 주요 평가 항목이 되고 있는 것을 보면 우리 사회가 얼마나 달라졌는지를 실감할 수 있다.

예전부터 광주의 5·18기념식은 광주경찰청뿐 아니라 경찰청에서도 민감한 사안 중 하나였다. 광주민주화운동의 상처가 잘못 건드려지면 행사를 주최하는 측이나 행사에 참여하는 사람들이 예민해져서 충돌이 일어날 수 있기 때문에 특히 안전사고 예방에 촉각을 곤두세워야 했다. 정부 주도로 열리는 기념식에 노동단체나 시민단체들이 참여하지 않고 별도의 기념식을 갖기도 해서 치안 인력도 많이 필요했다.

여자 경찰청장의 5·18기념식

내가 광주경찰청장으로 부임한 첫 해 주변 사람들은 '여자 경찰청장이 5·18기념식의 행사 관리를 잘할 수 있을까?' 하고 관심을 많이 가졌다. 기대 반 호기심 반, 걱정 반 우려 반이었던 것 같다. 나는 먼저 5·18기념식의 의미부터 생각해보았다. 5·18기념식은 군부독재의 총칼에 맞서 시민들이 군대를 만들어 저항한 자발적인 민주화운동을 기념하는 행사이다. 지금 우리가 누리고 있는 자유와 권리의 밑바탕이 된 날로 우리나라 민주화운동 역사에서 기념비적인 날이다.

이런 중요한 날을 긴장과 서로에 대한 불신으로 보낼 수는 없지 않은가? 그전의 경찰이 시민들을 규제하고 통제하는 역할을 했다면 이제는 시민들을 보호하고 안내하는 것으로 그 패러다임을 바꾸기로 했다. 5·18기념식에 참석하는 유가족들이 30년이 지난 현재는 70~80대의 고령이다. 그럼에도 5·18기념식 때 경찰의 역할과 인원 배치는 매년 획일적으로 35개 중대 3,500여 명의 경찰들이 검정색 진압복을 입고 동원되어 시민들의 동선을 통제했다고한다. 나는 경찰 인원을 광주청소속 7개 중대로 줄이고, 그중 6개중대는 진압복이 아닌 경찰 근무복을 입혀 참석자들을 안내하도록지시했다. 경비과장이 행사 관리 인원이 부족하고 그러다보면 문제가 생길 수 있으며 그 책임은 청장이 지게 된다고 우려했지만, 나는 책임을 지더라도 그렇게 하는 것이 옳다고 생각했다. 진압복을 경찰 근무복으로 바꿔 입은 것만으로도 분위기는 훨씬 부드러워졌다.

아울러 광주청과 산하경찰서 구내식당 메뉴를 5·18 당시 먹던주먹밥으로 바꾸어 직원들에게 판매한 후 수익금을 5·18민주화운동단체에 기부했다. 금액으로 따지면 얼마 되지 않지만 경찰에서기부했다는 것이 의미있는 일이었다. 또한 나부터 시작하여 경찰청 모든 직원들이 헌혈에 동참하여 헌혈 증서를 대한적십자사에전달하기도 했다.

그다음 해에는 근무복을 검은 양복으로 바꾸어 경찰에 대한 불신과 반감을 줄이기 위해 노력했다. 광주민주화운동 희생자들에대해 경찰도 애도를 표한다는 뜻이었다. 그랬더니 시민들도 무척좋아했고, 광주청 직원들도 5·18기념식에 대한 부담이 줄었다며좋아했다.

다른 사람과 다른 길을 간다는 것은 쉽지 않은 일이다. '모난 돌이 정 맞는다'라고 낡은 패러다임을 바꾸겠다고 나서면 낡은 패러다임에 안주해서 살아가는 사람들의 비난을 들을 수밖에 없다. 광주민주화운동 희생자들이 있어 오늘날의 민주주의가 있는 것처럼 발전을 위해서 어느 정도 희생은 감수해야 한다. 물론 희생 없이 발전을 이루면 최고로 좋지만 말이다.

광주민주화운동 희생자들처럼 목숨을 내놓아야 하는 정도가 아니라면 개인의 발전을 위해, 사회의 발전을 위해 어느 정도 희생은 감수할 수 있지 않을까? 내가 퇴근 시간도 없고 일요일도 없이 열심히 일할 때, 너무 힘들어서 '이러다 죽는 건 아닐까?' 하는 생각을 한 적이 있다. 하지만 곧바로 '죽으면 어때. 일하다 죽으면 순직이지' 하는 치기가 올라왔다. 그만큼 내가 하는 일이 꼭 필요한 일이고 어떤 희생을 치르더라도 해내야 하는 일이라 느꼈기 때문이다. 그러니 낡은 패러다임을 깨고자 할 때 절대 희생을 두려워해서는 안 된다.

괘씸한 미국 군인

한국 경찰에게 있어 미군은 불가침 영역이었다. 성폭행을 하고 살인을 하고 도둑질을 해도 그 범인이 미군이라면 대한민국에서 대한민국법에 따라 처벌할 수 없게 되어 있다. 그 이유는 한미주둔

군지위협정(Status of Forces Agreement, SOFA) 때문이다. SOFA협정에 따르면 주한미군이 범죄를 저질렀을 때는 미군으로 범죄의 수사와 처벌을 넘겨야 한다. 그러다보니 미군 범죄가 미온적으로 처리되는 듯했고 범법 행위인 것 같은데도 무죄로 풀려나는 경우가 있었다.

그래서 시민단체들에서 SOFA협정 개정 요구가 끊임없이 제기되었다. 2002년 길을 가던 여중생 효순이와 미선이가 미군 장갑차에 치어 죽은 사고가 발생해 연일 시위가 이어졌다. 시민들의 요구가 받아들여져 한국 경찰이 미군을 구속할 수 있다는 조항이 만들어졌지만 실제 미군을 구속한 사례는 없었다.

내가 마포서장을 할 때 미군 성폭행 사건이 발생했다. 마포 발바리를 잡고 얼마 되지 않았을 때다. 건물 청소를 하며 살아가는 60대 할머니가 일을 하기 위해 새벽에 집을 나서는데 미군이 따라와 성폭행을 했다. 성기가 완전히 망가져서 누워 있는 모습을 보니 내 어머니 같아서 마음이 무척 아팠다.

이 괘씸한 놈을 혼내줘야 하는데 직원들이 이 사건은 미8군에 넘겨줘야 한다고 이야기했다. 미군 구속 사례가 없기 때문에 전례대로 처리하자는 것이었다. 미8군에 넘기고 수사를 종료하면 경찰은 편하겠지만 할머니의 억울함은 어떻게 한단 말인가. 미8군에 넘기면 솜방망이 처벌을 할 것이 뻔한데 말이다.

나는 다시 한 번 낡은 페러다임을 깨기로 마음먹었다. 나는 직원들을 불러놓고 이야기했다.

"여러분도 효순이 미선이 사건을 보지 않았습니까. 더 이상 미군으로 인한 억울한 피해자가 나와서는 안 됩니다. 미군 범죄에 대해 단호하게 대처하는 한국 경찰의 모습을 보여줘야 합니다. 미사령관 앞에서 한국 경찰의 성매매 치안정책에 대해 브리핑했던 사람이 서장으로 와 있는데 이런 범죄를 그냥 넘길 수 없습니다."

나는 미8군에 범인을 구속 후 송치하겠다고 전했다. 미군에서도 나의 뜻을 받아들였고, 이렇게 경찰 최초 미군 구속의 역사가 이루어졌다.

남녀평등은 호칭에서부터

나는 경찰 내부의 낡은 패러다임도 깨기 위해 노력했다. 남성 위주의 조직에서 여성들은 남성의 일을 도와주는 부속품처럼 여겨지는 경우가 많다. 이런 인식이 대표적으로 나타나는 것이 호칭이다.

순경 때 나의 호칭은 '미스 리', '이 양'이었다.

"미스 리, 전화 받아."

"이 양아, 복사 좀 해와라."

말단 순경이었던 나는 '미스 리', '이 양'이라 불릴 때마다 기분이 좋지 않았지만 그렇다고 바꿔달라고 요구할 수 없었다. 내가 몽타주를 그리고, 변사체에서 지문 채취를 하고, 거짓말 탐지기로 범인을 가려내도 나의 호칭은 여전히 '미스 리', '이 양'이었다. 그러더니 경위가 되고부터는 남자 직원들이 '이 여사'로 부르기 시작했다. 경감이 되어 '채증계장'이라는 엄연한 직함이 생겼는데도 사람들은 '계장님'이 아니라 '이 여사'로 불렀다. 이 여사로 불리는데 어떻게 영이 서겠는가.

그러나 경찰서장이 되니 그때부터 '이 여사'라는 호칭이 완전히 사라졌다. 그들도 서장에게 '이 여사님'이라고 부르기는 민망했나 보다. 20년 넘게 직급으로 불리지 못한 내가 지휘관이 된 이상 호칭을 바로 잡아야 했다. 내가 그런 소리를 안 듣는다고 해서 지금 여경들도 그러한 것은 아니다.

그런데 이것은 뿌리 깊게 박혀 있는 습관이라서 쉽게 고쳐지지 않았다. 회의를 할 때마다 여러 차례 언급했음에도 대화 중간 무의식적으로 튀어나왔다. 부산경찰청장을 하는데 한 과장이 보고를 하기 위해 왔다. 업무 보고를 하는데 밑에 있는 여성 계장을 언급하면서 "○○ 여사가 했습니다" 하는 것이었다.

"○○ 과장님, 계장한테 여사라는 호칭은 적절하지 않습니다."

그 과장이 깜짝 놀라며 이야기했다.

"여사라는 호칭은 존중해서 한 말입니다. 대통령 부인께도 여사라 하지 않습니까."

내가 호칭에 대해 이야기할 때마다 듣는 남자들의 한결같은 변명이었다.

"여기는 직장입니다. 호칭을 제대로 해줘야 여경 간부들의 직원 통솔도 잘되고, 업무도 더 잘 추진됩니다."

내가 이렇게 이야기했다고 해서 그 과장의 언어 습관이 바로 고쳐진 것은 물론 아니다. 서울은 많이 나아지긴 했지만 지방에서는 여전히 많은 여경들이 '미스 리'나 '김 여사'로 불리고 있다. 이것은 여성을 낮춰보는 남성들의 시선을 담고 있기 때문에 업무 추진과 조직 관리 차원에서도 좋지 않다.

최근에는 모 국회의원이 여군을 위한다는 발언을 하는 중에 여성 하사관를 '하사관 아가씨'라고 해서 오히려 물의를 일으킨 적이 있다. 호칭 하나로 국회의원과 군의 이미지가 깎인 것이다. 깨진 유리창 한 장을 방치하면 결국 그 일대가 우범지대가 된다는 범죄학의 '깨진 유리창 이론'처럼 양성평등이나 사회 이슈인 직장 내 성희롱 문제도 마찬가지라는 생각이 든다. 직장 내에서 말단 직원이라도 이름 뒤에 직책을 넣어 불러주고, 직책이 없다면 "누구 씨"라고 불러줘야 한다.

퇴직한 지금은 직접 경찰들에게 호칭에 대해 이야기할 수 없지만 이것은 강의를 하며 사람들을 만날 때마다 내가 여전히 주장하고 있는 부분이다. 양성 평등은 호칭에서부터 시작된다고 말이다.

유치장에 그림을 입히다

학창 시절 줄곧 그림을 그리며 익힌 창의성은 경찰 업무에도 적극 활용되었다. 나는 경찰도 지속적인 창의적 발상을 시도해야 성장이 가능하다고 믿는다.

마포경찰서장으로 있을 때 한 유치인이 와이셔츠 소매를 뜯어 줄을 만든 후 자살을 시도하는 일이 벌어졌다. 그때까지 유치장 안에서 그런 방법으로 자살을 시도한 사람은 그가 처음이었다. 황급히 응급차를 부르고 심폐소생을 시도했지만 그는 결국 병원에서 숨을 거두고 말았다. 당시 마포경찰서는 상부와 언론의 질타를 피할 수 없었다.

일이 마무리된 다음 나는 유치장을 꼼꼼하게 살펴보고 전문가들의 조언도 구했다. 유치인들의 심리를 분석해본 결과, 유치장은 사회로부터 첫 격리되는 장소로 충격이 어느 정도 완화된 단계인 구치소나 교도소보다 심적 부담과 불안감이 더 크다고 한다. 사방으로 둘러싸인 회색벽과 회색창 틀은 심리적 우울감을 조성하고 두통, 복통을 유발하며 심한 경우 이번 사건처럼 자살충동까지 느끼게 한다는 사실을 알게 되었다.

그래서 나는 의경 가운데 미대 출신의 대원들을 뽑아 회색 유치장 창살을 하늘색과 분홍색 등 밝은 색으로 칠하고, 때묻은 회색벽은 자연풍경을 담은 그림과 동심을 떠올리게 하는 민화 등을 그려 넣었다.

"누나만 믿어."
학교폭력 예방 광고를 이색적으로 만들어
시민에게 친근하고 재미있게 다가가는
경찰의 이미지가 잘 전달되길 바랐다.

광고천재 이제석 씨가 재능기부를 해준
학교폭력 예방 광고 간판 앞에서

칙칙했던 유치장 분위기가 밝아졌음은 물론 보는 것만으로도 마음이 밝아지는 효과가 있어서 유치장에 있는 사람뿐 아니라 경찰들도 좋아했다. 충북경찰청 차장, 광주청장, 부산청장으로 부임해서도 관내 모든 경찰서 유치장에 벽화를 그려 넣었다. 광주청장과 부산청장 시절에는 범죄환경을 바꾸는 벽화 치안을 도입하여 서민밀집지역 중 범죄 다발 구역에 벽화를 그리고 CCTV와 방범등을 설치했다. 벽화와 더불어 시민과 함께 순찰하는 '치안 올레길'이라는 시스템을 만들어 참신하다는 평가를 받기도 했다.

일반적으로 생각했을 때 유치장의 이미지는 어둡고 답답하다. 하지만 기존의 생각에서 벗어나 유치장 이미지를 부드럽고 밝은 분위기로 조성해 유치인의 불안감과 충격을 해소시키고 마음을 안정시킴으로써 자살, 도주 등 자체 사고를 예방함은 물론 인권보호와 교화선도에도 기여할 수 있었다.

가장 큰 배움은
위기 때 온다

38년 동안 쉼 없이, 힘차게 달려왔지만 나 역시 중년 여성들이 겪는다는 우울증에 빠진 적이 있다. 그때는 잘 몰랐는데 지금 생각해보니 갱년기 우울증이 아니었나 싶다. 그동안의 삶이 무의미해지면서 한 달 동안 불면증에 걸려 잠을 제대로 자지 못했다. 어디든 등만 닿으면 곯아떨어지던 내가 잠을 못 자다니 당황스러웠다.

이러한 불면증은 딸 셋 중 두 아이가 시집을 가면서 시작되었다. 우리 집은 신랑감을 고르는 것 역시 아이들이 스스로 결정했다. 아이들이 대학을 졸업하니 여기저기서 중매가 들어왔지만 나는 '애들이 원하는 사람을 사윗감으로 할 것이다'라는 생각을 가지고 아이들에게 모든 것을 맡겼다. 성실하고 열심히 사는 사람을 만났으면 했는데 다행히 아이들이 짝을 잘 찾았다. 바쁜 엄마를 둔 탓에 아이들은 혼수 준비도 직접 했다. 예비 신랑과 함께 다니며 집을 고르고 살림을 장만하고 예식 준비까지 마쳤다. 당시 나는 결혼식만 겨우 참석하고 다시 사무실로 들어가 일을 했으니 다른 집 엄마들처럼 시시콜콜한 재미를 느끼지 못한 채 딸들을 보내고 말았다.

첫째는 결혼해서 서울에 살아 별다른 감정을 느끼지 못했는데 둘째는 결혼식을 올리고 미국 유학을 떠난다고 하니 마음이 이상했다. 허전한 느낌이랄까. 둘째가 결혼식을 할 때는 광주경찰청장으로 있었는데 그때도 일하느라 바빠 딸아이의 혼수를 챙겨주지 못했다. 한복 맞출 시간도 없어서 결혼식 전날 서울에 올라와 큰애 때 입었던 한복을 입고 결혼식에 참석했다가 결혼식을 마치자마자 바로 광주로 내려왔다.

잘 살아온 걸까?

경찰청에서 업무를 마치고 관사로 돌아와 혼자가 되니 몸이 천근만근 무거워지면서 마음도 우울해졌다. 혼자 우두커니 몇 시간째 앉아 있었다. 옷을 벗는 것도 씻는 것도 다 귀찮아서 멍하니 어두운 창밖만 바라보았다. 둘째도 이렇게 떠난다는 것이 그토록 허전할 수가 없었다.

'다른 집은 엄마랑 혼수 준비도 함께 하러 다니고 결혼 전에 단둘이 여행도 떠난다는데 나는 이게 뭔가. 평생 일만 하느라 아이들과 함께 보낸 시간도 별로 없는데 벌써 내 품에서 떠나다니… 엄마로서 나는 잘못 산 것은 아닐까?'

과거의 삶이 후회스러웠다. 경찰로서는 성공한 인생을 살았을지 모르지만 엄마로서 여자로서는 별로인 삶이라는 생각도 들었다. 내 개인의 삶이라고는 없었으니 말이다. 경찰 일을 하며 가졌던 보람과 뿌듯함 때문에 느끼지 못했던 감정들이 한꺼번에 올라왔다. 그래도 사무실에 출근하면 일에 집중하느라 우울한 마음을 잊을 수 있었다.

그러나 관사에 돌아오면 힘이 쭉 빠지면서 마음이 무거웠다. 밤에 잠도 자지 못했다. 한참 자고 일어나서 시계를 보면 겨우 1시 반이 지나 있었고, 또 이리저리 뒤척이다 시계를 보면 1시간이 지나 있었다. 어느 날은 잠이 안 와서 대여섯 번씩 깨다가 새벽 3시에 일어나 씻고 화장하고 출근 준비를 한 적도 있었다. 애들이 보고 싶어 울고불고 한 것은 아니었지만 심적 갈등이 심했다.

나는 남편에게 SOS를 쳤다. 남편은 깜짝 놀랐다. 누가 업어가도 모를 정도로 코를 드르렁 골면서 자던 내가 잠을 못 잔다니 그럴 만도 했다. 언제나 힘이 되어준 남편은 나를 위로했다.

"진아 시집 보낸 허전함 때문에 그런 것 같아. 당신 그동안 잘 살았어. 너무 걱정하지 마."

남편은 힘들어하는 나를 위해 매주 광주로 내려와주었다. 함께 맛있는 것도 먹고 산책도 하면서 그동안 살아온 이야기도 나누었다. 남편이 왔다 가면 마음이 한결 가벼워졌다.

그러면서 남편은 잠이 안 오면 아무 생각하지 말고 숫자를 반복해서 세라고 조언해주었다. 처음에는 무슨 소리인가 싶었지만 어차피 잠도 못 자는데 한번 해보자 하고 숫자를 세었다.

'하나, 둘, 셋, 넷, 다섯. 하나, 둘, 셋, 넷, 다섯……'

이런저런 잡념들이 떠오르면 세던 숫자를 잊어버렸지만 다시 처음부터 다섯까지 반복해서 세는 것에 집중했다. 그렇게 꾸준히 하다 보니 잠을 못 자게 했던 잡념들이 사라지면서 잠을 잘 수 있게 되었다.

먹구름을 흘려보내다

남편의 이야기를 우스갯소리로 들었는데 그게 아니었던 것이다. 아마도 숫자를 반복해서 세는 것이 과거의 상념을 잠재우고 무상무념의 상태를 만들었던 것 같다. 그리고 과거에 대한 후회가 들 때마다 이렇게 생각하며 마음을 다잡았다.

감성에 빠지지 말자. 어차피 인생은 내 욕심대로 되는 것이 아니다. 그리고 아이들은 다 자란 성인이지 않은가. 이제는 부모 품을 떠나 자신의 인생을 마음껏 펼쳐가야 할 때다. 내가 우울해한다고 해서 결혼식을 다시 할 수도 없는 일이고, 미국 유학을 떠나는 딸과 사위의 계획을 바꿀 수도 없는 것이다. 지나간 과거를 부여잡고 괴로워하는 것은 나에게나 아이에게나 도움이 되는 일이 아니다.

이렇게 내 마음을 다독이고, 내 일에 집중하며 하루하루 열심히 살다보니 우울한 기분이 점점 줄어들었다. 예전의 나로 돌아오는 데 한두 달 정도 걸린 것 같다. 흔히 우울증을 '마음의 감기'라고 부르는 것처럼 마음의 위기는 누구에게나 올 수 있고 지나갈 수 있다. 문제는 '마음의 위기를 어떻게 관리하느냐' 하는 것이다.

사람의 마음이나 생각은 구름과 같다고 한다. 하늘에 떠가는 구름처럼 이런저런 모양으로 내 머릿속을 흘러가는 것이다. 구름에는 먹구름도 있고, 새하얀 양떼구름이나 뭉게구름도 있다. 우울함이나 슬픔 등은 먹구름에 비유할 수 있는데 먹구름이 나타났을 때 그것을 붙잡고 놓지 않으면 괴로움에 빠지는 것이다. 내가 둘째 딸을 시집 보내고 허전함이라는 먹구름을 붙잡으며 우울했던 것처럼 말이다.

내 경험상 우울함에서 빠져나오는 길은 먹구름을 흘러가게 두고 현재의 일에 집중하는 것이다. 만약 그때 내가 일을 하지 않았다면 더 깊은 우울증에 빠졌을 것 같다. 밤에 혼자가 되면 온갖 상념들이 밀려왔지만 낮에 일에 집중하면 언제 그랬었지 할 정도로 나를 괴롭혔던 상념들이 사라졌다. 현재의 일에 집중하면서 내가 잡고 있던 먹구름을 놓게 된 것이 아닌가 싶다.

인생을 살다보면 누구나 마음의 위기를 겪게 된다. 인생의 어느한 시기뿐 아니라 하루에도 몇 번씩 마음의 위기가 찾아온다. 아침에 날아갈 듯 뭉게구름 같았던 마음이 상사의 잔소리에 시커먼 먹구름으로 변하고, 또 동료와의 수다 한판으로 다시 양털구름으로 바뀌기도 한다. 그러니 마음이 흘러가는 대로 놔두고 현재에 집중하는 것이 마음의 위기를 잘 관리하는 길이 아닌가 싶다.

불교계 찬조금 금품수수 의혹

여청과장 시절 모든 소년범들을 형사처벌하는 데에 문제 의식을 느꼈다. 그래서 나는 소년범들을 저위험군과 고위험군으로 구분하고, 전과가 없고 충동 우발적인 저위험군 소년범은 선도를 조건으로 훈방하는 소년범 다이버전(전환) 정책을 추진했다. 하지만 당시는 경찰 간부들도 "다이·버전? 죽이는 버전인가요?"라고 농담할 정도로 생소하여 제도화되지 않았고, 나는 그 필요성을 알리기 위해 이 주제로 박사 논문을 썼다. 주경야독하면서 늘 시간에 쫓겼고, 전문학자가 아니다 보니 이론적 논거가 되는 참고문헌의 인용

공부하는 엄마의 시간은
거꾸로 간다

표시를 제대로 못한 잘못이 있었던 것 같다. 그런데 공교롭게도 치안정감 인사를 앞두고 당시 나는 청문회 계급도 아니었는데 이 문제를 이슈화시켰다. 이것은 내 경찰 인생에서 큰 위기 사건이었다.

그런데 부산경찰청장을 할 때 또 경찰청장 인사를 앞두고 내 경찰 인생에 더 큰 위기이자 뼈아픈 사건이 발생했다. 당시 언론에 보도되었던 '불교계 찬조금 금품수수 의혹' 사건이다.

내가 부산경찰청장으로 부임한 다음해 2월 부산청 경승실장이기도 한 범어사 주지 스님이 찾아오셨다. 3월에 불교 걷기대회가 있는데 교통 지원을 부탁하기 위해 오신 것이었다. 스님 다섯 분과 나를 포함하여 부산청 직원 등 20여 명이 함께 모여 관련 문제를 협의했다. 이야기를 마치고 스님께서 일어나면서 편지 봉투와 그림 한 점을 건네며 말씀하셨다.

"걷기대회 때 전의경들이 고생을 많이 할 것 같아 간식값 하라고 조금 넣었어요. 이 그림은 범어사 일주문인데 복사본으로 부산의 나쁜 사건 사고를 막아달라는 취지로 드리는 것입니다."

부산경찰청 경승실장이시며 명망 있는 고승분들께서 주신 돈이고 전의경 기부금품법상 수령할 수 있도록 되어 있어 봉투를 받아 얼마인지 확인하지도 않고 그 자리에 함께 있었던 경무과장에게 주었다. 광주에서 '빛고을 전의경 한마당 잔치'를 개최하여 전의경들이 즐거워했던 것처럼 부산에서도 청장 업추비를 보태서 하면 좋겠다는 생각을 했던 것이다.

그런데 연이어 사건 사고가 터지면서 그 돈을 쓸 기회가 없었다. 3월에 하기로 한 날은 본청에서 부산기동대 밀양 송전탑 반대 집회에 출동 명령이 떨어졌고, 4월에는 세월호 침몰사고로 부산기동대가 팽목항에 나가 있었고, 이후로 세월호 피해자들을 애도하는 마음으로 당분간 하지 않도록 연기했다. 그 후 일하느라 정신이 없어 그 돈의 존재를 까맣게 잊고 있었는데 모 기자가 찬조금 금품수수 의혹이 있다는 제보를 받았다며 취재를 왔다. 나는 경무과장을 불러 돈의 행방을 물었다.

"범어사 스님이 전의경들을 위해 쓰라고 놓고 가신 돈이 어디에 있나요?"

경무과장이 대답했다.

"봉투 그대로 금고에 보관하고 있습니다."

"얼마죠?"

"500만 원입니다."

나는 받아서 곧바로 경무과장에게 건네주었기에 얼마인지를 모르고 300만 원 정도 되지 않을까 생각했다.

기자가 보는 앞에서 돈의 행방과 봉투를 보여주면서 있는 그대로 액수를 밝히면 의혹이 풀릴 거라고 생각했는데 그게 아니었다. '청장이 관행이라는 이유로 어물쩍 넘어가려고 한다', 범어사에서 일주문 그림을 250장 복사하여 그중 1개 준 것을 고액의 그림을 받은 양 '그림은 자신의 집무실에 떡하니 걸어놓았다', '경찰이 제

식구 감싸느라 수사를 제대로 안 한다' 등의 내용들이 전파를 타고 활자화되었다. 경찰청에서도 감찰을 하면서 직원을 취조했다. 그때의 심정은 뭐라 말할 수 없이 참담했다.

순경으로 시작해 여기까지 올라왔고, 자식에게 부끄럽지 않은 경찰이 되기 위해 양심을 지키며 살았는데 금품수수 의혹이라니…. 계급이 올라갈수록 여럿이 밥을 먹으면 내가 밥값을 내고, 외부 인사를 만날 때는 청장실 문을 열어놓고 이야기를 나눌 정도로 공직자로서 윤리를 지키기 위해 애썼는데 말이다. 공개된 장소에서 받아 전달한 돈 500만 원에 비리 의혹을 받다니 억울했지만 이 또한 나의 불찰이었다.

경찰청 경무과에서 안전행정부로 찬조금을 받은 것에 대해 질의를 한 후 답변이 왔다. 전의경기부금법에 의해서 받을 수 있고, 다만 심의절차를 거쳤어야 한다는 것이었다. 범어사 스님들이 해군작전사령부에 가서도 똑같이 찬조금을 전달했는데 그곳은 심의절차를 거쳤다고 했다. 내가 담당과인 경무과장에게 전달하고 심의절차를 거치지 말라고 한 것은 아니었지만 모든 것은 지휘관인 내가 책임을 져야 할 일이었다.

나는 잘못을 인정하고 재발방지를 위해 외부 찬조금에 대해 접수 즉시 심의절차를 마련하고 인터넷에 공개하는 시스템을 마련하도록 했다. 그러면서 언론과 상부에서는 오해도 풀리고 했지만, 민주노총 부산지부에서는 부산지방검찰청에 나를 고발하는 기자회

견을 열고 퇴진을 촉구하는 1인 시위를 벌여나갔고, 경찰 소속 상임위인 행정자치위원회 국회의원에게 문제 삼도록 요구해 국회에서 이슈화시키기도 했다. 민주노총은 내가 취임하면서 소음과 불법주차 문제로 집회를 못하게 하자 강하게 반발한 단체였다.

부산에는 부산시의회, 부산시청, 부산경찰청 건물이 나란히 자리 잡고 있는데 민주노총에서 그 앞길을 막고 집회를 여는 경우가 많았다. 소음 때문에 일을 할 수 없을 정도였고, 8차선 도로에 주정차를 할 수 없는데 차를 세워놓고 있으니 사고 위험에 도로정체가 심했다. 나는 대책과 단속 법규를 검토하도록 지시했다. 자동차에 확성기부착이 자동차관리법에 위반이 되어 단속을 했다. 광주에서 그랬던 것처럼 부산에서도 강력하게 단속했다. 시위대에게 도로를 침범하는 시위는 불법이고 자동차에 확성기를 다는 것은 불법개조라 이야기하며 철수를 설득했지만 소용 없었다. 결국 CCTV를 달고 불법 주정차한 차량을 견인해가고 확성기를 떼는 등 예고한 대로 법집행을 했다. 그때 나에 대한 감정이 좋지 않았던 민주노총에서 퇴진운동을 벌인 것이었다.

고난의 시간

철녀라는 별명을 가지고 있는 나였지만 당시 상황에서는 평정심을 찾기가 참 어려웠다. 그동안 나를 믿고 따라준 직원들에게 미안했고, 특히 가족들을 볼 면목이 없었다. '딸들에게 부끄럽지 않게 바르게 사는 것'을 인생의 좌우명으로 생각하며 살아왔는데 마음이 무너져내렸다. 남편, 딸들, 시어머니, 시누이들이 언론 보도를 보며 얼마나 실망했을까 생각하니 고개를 들 수 없었다. 물론 가족들은 아무 말 없이 나를 믿고 지켜봐주었지만, 당시 '내가 인생을 헛살았구나' 하는 회의까지 들 정도였다.

하지만 내가 위기일수록 나를 감싸는 따뜻한 손길도 늘어났다. 경찰 생활을 하며 함께 일했던 동료 선후배들이 전국에서 전화를 하고 문자를 보내왔다.

'청장님 힘내세요. 저희들은 청장님을 믿어요.'

부산 지역에 계시는 원로분들도 나를 찾아와 위로의 말씀을 해주셨다.

"원래 위로 올라갈수록 이런 일이 없을 수가 없어요. 경쟁자 쪽에서 음해하려는 경우가 있으니 강하게 마음먹고 방어하는 법을 배우세요. 그리고 앞으로도 위축되지 말고 국가와 국민을 위해 열심히 해주세요."

불교계에서는 언론 인터뷰를 통해 나에 대한 미안함을 전해주셨다. 신문에 난 기사를 읽으며 감사한 마음이 들었다.

부산불교연합회 사무총장을 맡고 있는 심산 스님(홍법사 주지)은 이날 부산경찰청을 방문하여 "좋은 뜻으로 진행한 위문금품 전달이 의도와는 전혀 다른 방향으로 왜곡되어 매우 유감스럽다. 사회의 규정이나 지침을 제대로 알지 못한 일일 뿐 다른 의도는 전혀 없었다"라고 말했다.

"세속의 시스템에 익숙하지 못해 곤란에 처하게 된 이금형 청장에게 죄송할 따름이다"라는 그는 향후 탄원서 제출 등을 통해 이 청장을 적극 돕겠다는 뜻을 밝혔다.

— 2014년 7월 18일 국제신문

부산경찰청 직원들도 나에게 힘이 되어주었다. 나의 진실함을 아는 직원들이 '언론과 전쟁을 선포해야 한다'는 강경파와 '그렇게까지 할 필요가 있느냐'라는 온건파로 나뉘어 논쟁을 벌였다. 참 고마웠지만 직원들이 분열하는 것을 보고 있을 수는 없었다. 나는 직원들에게 이야기했다.

"모든 것이 제 부덕의 소치입니다. 제가 청장으로서, 지휘관으로서 좀 더 챙겼어야 했는데 그러지 못했습니다. 이런 문제에 신경 쓰느라 부산시민의 안전을 놓칠 수 없습니다. 이제 분열하지 말고 치안에 전념합시다."

대통령상을 받다

찬조금에 대한 사전 심의 시스템을 마련하는 것으로 사건이 마무리되면서 나에 대한 퇴진 요구 목소리도 줄어들고 언론에서도 더 이상 내 이야기를 하지 않게 되었다. 그해 10월에 인사 이동이 있었는데 나는 다시 부산경찰청장으로 임명되었다. 만약 내가 사적인 욕심으로 그 돈을 받았다면 유임을 하지 못했을 것이다. 그리고 10월 21일 경찰의 날 행사에서 부산경찰청이 최우수 지방경찰청으로 선정이 되어 대통령 표창을 받게 되었다. 내가 취임하면서 부산의 교통사망사고와 범죄 발생률을 줄이고 집회시위 문화를 개선한 것이 성과로 인정받은 것이다.

세종문화회관에서 3,000여 명의 전현직 경찰과 공중파 언론의 중재 속에 내가 대표로 대통령 앞에 나아가 표창장을 받게 되었는데, 그 자리에 큰딸과 큰시누이를 초청했다. 그동안 언론 기사를 보며 가슴 졸였을 가족들에게 감사와 위로를 전하기 위해서였다. 시상대에 올라 큰딸과 큰 시누이를 바라보는데 가슴이 뭉클했다. 나는 그들에게 눈으로 마음을 전했다. '나를 믿어주어 감사하다'고, '가족들 덕분에 이 자리에 서게 되었다'고 말이다.

그때 일을 겪으면서 적지 않은 상처도 받았지만, 나를 믿어주는 사람들로 인해 그 상처가 치유되는 것을 경험했다. 또 나에게 우군이 얼마나 많은지 확인하게 되어 기뻤다. 지금도 그때 나에게 힘을 주었던 사람들을 떠올리면 마음이 따뜻해진다. 역시 돈이나 명예보다 사람이 최고다.

일을 하다 보면 자칫 사람을 놓치게 되는 경우가 많다. 자신의 뜻과 맞지 않는다고 상대방을 비난하고, 자신의 지위가 높다고 비하하며, 성공하기 위해 배신도 하고, 돈을 벌기 위해 다른 사람을 속이기도 한다. 이런 말과 행동들이 당장은 효과가 있을지 모르지만 길게 보았을 때는 사람을 잃는 행위임을 절대 잊어서는 안 된다. 내가 어려울 때 누가 나를 믿고 위로해줄지 잘 생각해보라. 어려움을 극복할 수 있는 힘은 사람들 사이의 신뢰이다.

공부하는 엄마의 시간은
거꾸로 간다

꿈도 나이만큼
성숙해야 한다

인생 이모작 시대라고 한다. 이모작이란 동일한 농장에 두 종류의 농작물을 서로 다른 시기에 재배하는 농법을 말한다. 우리 인생을 농사에 비유해서 은퇴 이전까지의 삶을 한 번의 농사로 보고, 은퇴 이후의 삶을 또 한 번의 농사로 보는 것이다. 그래서 요즘에는 은퇴가 아니라 '반퇴'라는 말도 등장했다. 예전에는 은퇴 이후에 여생을 즐기며 삶을 마무리하면 되었지만, 요즘은 은퇴 이후에도 20,30년의 삶을 살아야 해서 은퇴가 또 다른 시작이 되었다. 나 역시 경찰에서는 은퇴했지만 새로운 인생 후반전을 준비하고 있다. 은퇴 이전의 삶이 주어진 환경에 맞춰 고군분투한 삶이었다면, 은퇴 이후의 삶은 온전히 내가 만들어갈 수 있어 훨씬 능동적으로 살 수 있을 것 같다.

첫 제자들에게

은퇴를 하고 요즘 모처럼 여유로운 시간을 보내고 있다. 항상 일분일초를 다투며 살았는데 이제는 그렇게 하지 않아도 된다. 내가 선택한 일정, 내가 결정한 일을 내 방식대로 해나가면 되는 것이다. 그 전처럼 일이 될까 안 될까 조바심 내지 않아도 되고, 반드시 해야 한다고 불도저처럼 밀어붙여야 할 일도 없다. 지난 인생을 돌아보며 내가 쌓은 경력을 바탕으로 이웃과 사회에 보탬이 될 만한 일을 순리대로 진행하면 되니 마음도 편하고 몸도 편하다.

내가 퇴직 후 처음 시작한 일은 청주에 있는 서원대에서 학생들에게 경찰행정학을 가르치는 일이다. 그동안 내가 경찰로서 쌓은 경험을 바탕으로 후배들을 가르칠 수 있어 보람되고 재미있다. 내 생애 첫 제자들을 만나 첫 강의를 하는 날 설레는 마음으로 학생들 앞에 섰다. 경찰행정학과 학생들은 경찰 제복을 입고 강의를 듣는데 그 모습도 참 좋아 보였다. 인사발령을 받고 첫 출근하는 날 취임사를 하듯이 경찰이 아닌 교수로서 이야기를 시작했다.

"항상 긍정적인 사고로 최선을 다하십시오. 여러분은 할 수 있습니다. 고졸에 순경 출신인 제가 여기까지 왔는데 대학에 다니고 있는 여러분들은 저보다 훨씬 좋은 조건에 있는 것입니다. 여러분들 중에 미래의 경찰서장도 있고, 청장도 있습니다. 마음만 먹고 실천하면 원하는 대로 될 수 있습니다. 여러분들이 꿈을 향해 나아가는 데 제가 디딤돌이 되어드리겠습니다.”

학생들의 눈빛이 반짝반짝 빛나는 보석 같았다. 강의를 하면서 그동안의 내 경험들을 하나씩 하나씩 풀어놓았다. 성폭력, 학교폭력, 가정폭력의 심각성도 이야기해주고, 내가 지금까지 애용하고 있는 녹음기 공부법도 알려주었다. 학생들이 나를 통해 경찰을 본다고 생각하니 책임감이 생겼다.

그래서 열심히 강의 준비를 하였고, 1학기 강의가 끝나는 날 햄버거와 콜라를 사주며 책거리도 하였다. 한국 경찰은 일도 잘하고 마음도 따뜻하다는 것을 보여주고 싶었다. 나를 통해 학생들이 ‘경찰행정학과를 택한 것이 탁월한 선택이었다’는 생각을 했으면 하는 바람이다.

나이듦의 특권

학생들을 가르치기 위해 매주 고속버스를 타고 청주를 오가는 데 은퇴하기 전과 다른 감흥을 느낀다. 예전에는 머릿속에 온통 일 생각뿐이어서 창밖을 볼 여유도 없었고, 그 유명하다는 청주 플라타너스 가로수 길도 제대로 감상한 적이 없었다. 하지만 이제는 창밖의 풍경이 눈에 들어온다.

'플라타너스 가로수 길이 이렇게 아름다웠구나.'

이런 생각을 하며 은퇴 후 새롭게 경험하는 일들에 감사한 마음이 든다. 올해는 무심천의 벚꽃도 여유로운 마음으로 즐길 수 있어 참 좋았다. 이렇게 여유로운 생활을 만끽하는 가운데 나에게 새로운 꿈이 생겼다. 경찰관일 때처럼 범인을 잡겠다, 사회정의를 이루겠다, 경찰서장이 되겠다 하는 목표지향적인 꿈이 아니라 내가 가진 경험을 많은 사람들과 나누겠다는 꿈이다. 국민들이 낸 세금으로 꼬박꼬박 월급 받으며 지금까지 일했으니 이제는 내가 가진 것, 내가 받은 것들을 나누고 싶은 마음이다.

한국양성평등교육진흥원 초빙교수로도 일하고 있는데 이 역시 나의 경험과 노하우를 여러 사람과 나누는 일이다. 단체의 이름처럼 양성평등을 위해 노력하는 곳이라 성폭력, 성매매 피해 여성들을 위해 일해온 나의 경험이 단체 활동에 도움이 되는 듯하다.

청소년폭력예방재단(청예단) 고문으로 활동하며 청소년들을 위한 활동도 하고 있고, 폭력예방 심포지움 패널, 청년 대상 강의, 재능기부 등 나의 도움이 필요한 곳이면 어디든 찾아다니고 있다. 은퇴 이후에도 나를 찾는 곳이 있어 감사하고, 내가 할 일이 있어 행복한 시간을 보내고 있다.

요즘 나는 시어머니와 친정어머니와도 많은 시간을 보내고 있다. 친정어머니는 어려운 가정 형편에도 나를 고등학교까지 공부시켜주셨고, 시어머니는 나의 아이들을 키워주셨다. 그동안 두 분께 받은 은혜에 보답하는 것이 나의 인생 후반전 중요한 다짐이다. 두 분이 헌신적으로 나를 도와주셨던 것만큼 두 분을 헌신적으로 돌봐드리고 싶은 마음이다. 다행히도 내가 교수로 있는 서원대가 청주에 있어 친정어머니를 종종 찾아뵙고 있다.

이 책을 읽는 많은 독자들이 인생의 첫 번째 농사를 치열하게 짓고 있을 테지만 가끔씩 하늘을 올려다보며 인생 후반의 두 번째 농사를 어떻게 지을지 생각해보는 것도 좋을 것 같다. 자식이 잘되기를 바라고, 남편이 성공하기를 바라고, 부자가 되는 것을 꿈으로 가져도 좋지만 이왕이면 나도 좋고, 다른 사람에게도 도움이 되는 꿈을 가지면 어떨까 싶다. 사람이 인생의 다양한 경험을 하면서 성숙해지는 것처럼 우리의 꿈도 나이를 먹을수록 성숙해졌으면 한다.

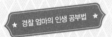

마인드 컨트롤로
불가능을 가능케 하기

1. 하루하루 최선을 다하라

열심히 산 하루만큼 강한 것은 없다. 눈에 보이지 않는 미래를 생각하며 한숨짓기보다는 오늘 내 앞에 주어진 일에 최선을 다하라.

2. 어떤 일이든 긍정적인 면을 보라

어떤 일이 생겨도 긍정적으로 보는 연습을 해라. '모든 것은 마음먹기에 달렸다'는 말처럼 긍정적인 마인드는 내 인생을 밝게 만든다.

3. 옳다면 절대 포기하지 마라

인생을 살다보면 열심히 살고 있는데도 발목을 잡는 일들이 생기게 마련이다. 이때 내가 가는 길이 맞는다면, 내 생각이 옳다면 절대 포기하지 말아야 한다.

4. 창의적으로 생각하라

문제가 있으면 해결책도 있게 마련이다. 현실에 안주하기보다는 창의적인 생각으로 낡은 패러다임을 바꾸어보라.

5. 내 마음을 살펴라
몸 건강을 위해 운동을 하는 것처럼 마음의 건강을 위해 노력하는 것도 중요하다. 항상 '내 마음'이 어떤지 살피는 연습을 하라. 모든 것은 '내 마음'에서 출발한다.

6. 위기의 순간을 두려워하지 마라
누구에게나 힘든 시기가 있기 마련이다. 그 시기가 오면 두려워하지 말고 잠시 쉬어가는 시간으로 여겨라. 그동안 알지 못했던 새로운 것들을 알게 될 것이다.

7. 인생 이모작 시대를 준비하라
인생 후반전을 어떻게 살지 미리미리 준비하라. 인생 전반전이 마음에 들지 않는다면 인생 후반전은 멋지게 만들어보자. 후반전 승자가 진짜 승자이다.

5장

누군가는
28시간을 산다

워킹맘의
시간 그래프

아이를 키우면서 일을 한다는 것은 어떤 상황이건 쉽지 않은 일이다. 나처럼 시어머니의 적극적인 도움과 희생이 있는 가정이거나 경제적으로 여유가 있어 베이비시터나 가사도우미를 고용하는 경우일지라도 엄마가 해야 하는 역할은 따로 있기 마련이어서 엄마는 늘 바쁘다.

그래서 결혼을 하고 아이를 낳으면 대부분의 여성들이 한 번쯤은 일을 계속해야 할지, 말지를 진지하게 고민하게 된다. 하지만 나는 내 딸들을 포함하여 육아와 일 사이에서 갈등하는 워킹맘들에게 이렇게 말한다. 일단은 무조건 견디어보라고.

U자형 인생

여자의 인생, 특히 워킹맘의 시간은 U자형 그래프에 비유할 수 있는데 결혼하는 순간이 그래프의 왼쪽 정점에 해당된다. 결혼할 당시를 떠올려보라. 사람마다 차이는 있겠지만 그래도 결혼할 때가 가장 좋을 시기다.

나도 처음에는 신세계 미술관에서 전시회를 열어준다는 남편의 말에 꿈에 부푼 행복한 신혼 생활을 시작했다. 그러나 결혼은 꿈이 아닌 현실이었다. 우리는 시댁 식구와 한 집에서 신혼 생활을 시작했는데 그때부터 그야말로 정신없는 하루하루가 이어졌다. 경찰 일 하는 것만으로도 쉽지 않은데 남편도 챙겨야 하고 며느리 역할도 해야 했고 올케 몫도 해야 했다.

이때부터 U자형 그래프는 내리막을 타기 시작한다. 여기에 아이가 태어나면 그래프는 아래로 쑥 내려간다. 둘째가 태어나면 또 내려가고 우리 집처럼 셋째가 태어나면? 말 안 해도 알 것이다.

아이를 키우는 것은 전업주부에게도 힘든 일이지만 워킹맘에게는 매일매일이 시간과의 싸움이다. 출근할 때 보면 집은 전쟁터가 된다. 가족들의 식사 챙기고, 내 출근 준비하면서 남편도 봐주고, 아이들 깨워서 먹이고 입혀서 학교든 어린이집이든 보내야 한다. 내 경우 감사하게도 시어머님이 많이 도와주셔서 수월하긴 했지만 그렇다고 전쟁터가 아닌 것은 아니었다. 조금 나은 전쟁터일 뿐이다.

출근 전쟁을 무사히 끝내고 회사에 도착하면 마치 기다렸다는 듯이 온갖 일들이 밀물처럼 밀려들어온다. 정신없이 일하다보면 이내 퇴근 시간이 되고, 집에 도착하면 저녁 준비와 산더미 같은 집안일들이 기다리고 있다. 혹 나처럼 야근이 잦은 경우에는 몸이 정말 녹초가 되어 집에 돌아오지만 그럼에도 불구하고 마음 편히 쉴 수도 없는 때가 바로 이 시기이다. 정말 몸이 열 개라도 모자를 판인 이때가 U자형 그래프의 맨 아랫부분이 된다.

큰딸이 아기였을 때다. 내가 데리고 잠이 들었는데 새벽이 되자 아이가 배고파 울기 시작했다. 피곤에 절어 살던 나는 애 울음소리에 일어나 머리맡에 놓아둔 젖병에 물을 부어 아이에게 주었다. 그렇게 애를 재우고 나도 잠이 들었는데 아침에 일어나보니 아이 옷이 주황색으로 물들어 젖어 있었다. 깜짝 놀라 젖병을 살피니 글쎄 젖병에 물을 부은 것이 아니라 그 옆에 있던 비오비타병에 물을 부어 먹인 것이다. 젖병 뚜껑과 비오비타병이 잘 맞물리지 않아 물이 줄줄 세어 아이 옷이 젖었는데 그것도 모르고 비몽사몽 간에 먹인 듯하다. 다행히도 아이의 건강에 문제는 없었지만 까딱 잘못했으면 질식사할 수 있는 상황이었다. 다시 생각해도 끔찍한 순간이다.

누구에게나 '바닥의 시간'은 있다

실수도 많고 사건 사고도 많은 이 시기에는 몸도 지치고 마음도 지치기 쉽다. 직장인으로서 엄마로서 아내로서 주부로서 며느리로서 딸로서 많은 일들을 감당하고 해내야 한다는 사실이 너무 버거워 직장을 그만둘까 하는 생각이 들 수도 있다. 하지만 이 바닥의 시간이 영원하지 않다는 사실을 기억하고 조금만 견디라고 말하고 싶다. 그러다보면 시간 그래프도 조금씩 다시 위쪽으로 올라가기 시작하기 때문이다. 왜 '새벽이 오기 전에 가장 어둠이 깊다'라는 말도 있지 않은가.

그렇다면 이 시간을 어떻게 견뎌야 할까? 뾰족한 방법은 없다. 바닥의 시간을 견디는 방법은 그냥 그 순간에 집중하는 것이다. 회사에서 일하는 그 순간, 아이와 함께 있는 그 순간, 밥을 먹고 잠을 자는 그 순간에 집중하면서 어떻게든 그 순간을 넘기겠다고 생각해보라. 장기적으로 생각하다보면 현실의 벽이 너무 높아서 그 누구도 바닥의 시간을 버텨내기 힘들기 때문이다.

누워서 옹알이를 하는 아이를 보며 '애가 언제 커서 내가 좀 편해지나' 생각하다 보면 하루하루가 힘들어진다. 만약 내가 순경 때 '난 치안정감이 될 거야'라고 생각했다면 아마 그 자리에 오르지 못했을 것이다. 까마득히 멀리 보이는 목표를 쟁취하려 마음만 급하게 달려가다가 중간에 포기했을지도 모른다. 그저 내 앞에 닥친 순간순간에 집중해 최선을 다했던 것이 오늘의 나를 만들지 않았나 싶다.

바닥의 시간을 견디라고 해서 무조건 시간이 가기만을 기다리는 것은 의미가 없다. 지금 당장 표가 나지 않더라도 미래를 위해 경쟁력을 쌓으면서 견뎌야 한다. 내가 했던 것처럼 공부를 하며 바닥의 시간을 보내면 어떨까 싶다. 물론 회사 일에 육아와 가사까지 하며 공부하는 것이 쉬운 일은 아니다. 하지만 공부를 하면 미래에 대한 희망이 생기고, 희망이 있으면 아무리 힘들고 어려운 시간도 견뎌낼 수 있다.

세 딸 가운데 큰딸은 현재 두 아이의 엄마로 나처럼 국가기관에서 일하고 있다. 나는 딸에게 아무리 힘들어도 절대 일을 포기하지 말라고 당부한다. 어렵게 한 공부가 아깝다거나 단순히 개인의 자아실현을 위해서만은 아니다. 어느 조직이건 엄마들이 할 수 있는 일이 있다고 믿기 때문이고, 내 딸이 그리고 많은 엄마들이 그 일을 찾아 잘해내길 바라기 때문이다.

'감성에 빠지지 말자.'

'절대 포기하지 말자.'

내가 힘들 때마다 주문처럼 외웠던 말들이다. 이렇게 주문을 외우고 매 순간 집중해서 살다보면 어느새 U자형 그래프도 상승 곡선을 타게 된다.

올라가는 시기가 온다

아이들이 어린이집이나 학교에 다니는 시기부터는 점점 내 생활을 찾을 수 있다. 내 경우 큰딸과 둘째 딸이 모두 과학고등학교에 진학해 고등학교 때부터 기숙사 생활을 했다. 딸들을 자주 못 보는 것이 섭섭하긴 했지만 한편으론 그때부터 일과 공부에 전념할 수 있었다. 일과 공부에 집중하니 업무에서도 성과가 났고, 그러면서 나의 U자형 시간 그래프는 완전한 상승 곡선을 그리게 되었다. 지금 바닥의 시간을 보내고 있는 워킹맘이라면 나를 보며 희망을 가졌으면 한다.

어릴 때는 엄마가 경찰인 게 싫다고 부모님의 직업을 쓰는 란에 경찰 대신 공무원이라고 적던 애들도 자라고 철이 드니까 엄마의 일을 존중해주는 모습을 보였다. 또한 자신들 역시 결혼해서도 자신만의 일을 하며 살아가길 꿈꾸고 있다. 사실 나는 딸들이 집에서 살림만 하길 바란 적이 한 번도 없다. 가정주부의 역할을 인정하지 않는 것이 아니라 일하는 엄마로 고군분투했던 시간들의 가치를 믿기 때문이다.

나는 엄마들이 아이의 교육 문제로 직장을 그만두지 않았으면 좋겠다. 아이가 유치원이나 초등학교에 들어갔을 때 교육 문제로 직장을 그만두곤 하는데 이는 오히려 역효과가 날 때가 많다. 아이 교육 문제로 직장을 그만두게 되면 엄마는 '아이 때문에 자신을 희생한다'라고 생각하고 아이에게 과도하게 기대하게 된다. '내가 널 위해 내 미래를 포기했는데 이것밖에 못하는 거야?' 하는 생각까지 하게 되면 아이에게 잔소리를 하게 되고 결국 아이와 관계가 나빠지기도 한다.

　중요한 것은 엄마의 마음가짐이다. 아이를 핑계로 힘들게 일할 것인가, 아이가 있음에도 불구하고 열심히 일할 것인가는 자신의 선택에 달려 있다. 확실한 것은 바닥의 시간을 잘 견디면 그 이후에는 상승곡선을 타게 된다는 것이다.

시간의 밀도를
높여라

일하는 엄마들에게는 항상 시간이 부족하다. 그래서 쫓기듯 허겁지겁 살기 쉬운데 이때는 시간의 양보다는 질에 집중하는 지혜가 필요하다.

아이를 키울 때도 시간의 양보다 질이 중요하다. 대다수의 일하는 엄마들은 아이와 놀아줄 시간이 부족하다고 안타까워하는데 얼마나 오래 시간 놀아주느냐 못지 않게 얼마나 아이와 친밀감을 형성하며 놀아주느냐도 중요하다. 어차피 일하는 엄마들은 아이와 놀아줄 시간이 많지 않다. 이런 자신의 상황을 인정하고 아이를 위해 낼 수 있는 시간들을 어떻게 효율적으로 잘 사용할지 고민해야 한다.

10분 데이트

아이들이 중고등학교에 가자 나는 나대로 바쁘고 아이들도 학교 가고 학원 간다고 아침 일찍 나가 밤늦게 들어와서 한 집에 살아도 얼굴 보기가 힘들었다. 그래서 퇴근하고 밤 12시쯤 학원 앞에서 아이를 기다렸다. 너무 피곤한 날은 차 안에서 자면서 아이를 기다리곤 했다. 학원에서 집까지 차로 10분밖에 안 걸리는 가까운 거리였지만 나는 이 시간을 적극 활용하여 아이들과 많은 대화를 나눴다.

"오늘 학교에서 특별한 일 없었니?"

"요즘 가장 친한 친구는 누구야?"

시간이 흐른 후 아이들은 학원 끝나고 엄마와 집에 오면서 대화를 나누었던 그 짧은 시간이 너무 좋았다고 했다. 내가 너무 피곤해서 운전이 힘든 날은 남편에게 부탁해서 함께 학원 앞으로 갔다. 나는 아이들이 아빠와도 대화를 나누었으면 하는 바람에 일부러 뒷자리에 앉았다. 아이는 학원 앞에서 기다리고 있는 아빠를 보고 반갑게 달려왔고 조수석에 앉아 아빠에게 그날 있었던 일을 조잘거렸다.

남편은 처음에는 "다 큰 애들을 뭐 하러 데리러 다니느냐"며 반대했지만 아이들이 좋아하는 모습을 보고 또 아이와 대화하는 재미에 흔쾌히 마중을 나갔다. 이렇게 시작된 학원 마중은 셋째 때까지 이어졌다.

요즘도 남편은 지인들이 "어떻게 딸들을 잘 키웠어?"라고 물어보면 딱 한 가지만 하면 된다고 이야기한다.

"학원 끝날 시간에 가서 기다리다 같이 오면 돼."

하루 10분, 아이들을 만나는 시간이 짧더라도 아이를 생각하는 부모의 관심과 사랑이 전해지면 아이들은 잘 자란다.

잔소리는 짧게 교감은 길게

대부분 일하는 엄마들은 아이와 놀아줄 시간이 부족하다고 안타까워하는데 이때 역시 시간의 양보다는 질이 중요하다. 어차피 워킹맘들은 아이와 놀아줄 시간이 많지 않다. 이런 자신의 상황을 인정하고 아이를 위해 낼 수 있는 시간을 어떻게 효율적으로 잘 사용할지 고민해야 한다.

그렇지 않아도 아이와 함께할 시간이 많지 않은데 그 시간을 잔소리하고 실랑이하는 데 쓴다면 아이와 놀아주지 않으니만 못하게 된다. 아이를 키우면서 잔소리를 하지 않을 수는 없지만 '잔소리는 짧게 아이와 교감하는 시간은 길게'라는 원칙을 지켰으면 한다. 잔소리를 한다고 해서 아이가 달라지는 것은 아니다. 엄마의 사랑 안에서 엄마의 진심 어린 충고를 통해 아이는 변화하고 성장한다.

잔소리하는 것은 엄마에게도 좋지 않다. '잔소리'라는 것은 했던 말을 반복해서 또 하는 것이기에 듣는 사람도 싫지만 하는 사람도 짜증이 난다. 자신이 여러 번 이야기하는데도 달라지지 않는 아이를 보면 실망스럽기 때문이다. 이렇게 되면 아이와 만나는 시간이 힘들어질 수밖에 없다. 아이와 사이도 나빠지고 엄마도 감정적으로 힘들고, 결국 그 시간은 낭비하는 시간이 되어 버린다. 아이가 엄마와 만나는 시간을 기다릴 수 있도록 하라. 그래야 엄마도 아이와 교감을 통해 에너지를 얻을 수 있다.

디지털 시대의 사랑법

아이들이 클수록 각자의 생활이 생기면서 함께 시간을 보내기가 더 힘든 것 같다. 그래서 나는 가족들에게 매일 내 마음을 담은 메시지를 보냈다.

'여보, 함께 지내지 못해서 미안해요. 좋은 하루 보내세요.'

'우리 딸들 오늘도 고고! 파이팅!'

이렇게 문자를 보내고 나면 답장이 왔다.

'당신도 잘 지내.'

'엄마도 파이팅! 사랑해요.'

또한 나는 마음에 품고 있던 명언이나 좋은 말들도 문자로 보내 가족들이 어디에 있든 힘을 얻기를 바랐다.

'얼음장 밑에서도 고기는 헤엄을 치고 눈보라 속에서도 매화는

꽃망울을 튼다.'

나는 이 말을 가장 좋아했는데, 힘이 들 때면 메시지를 보내면서 나 자신도 다시 한 번 힘을 얻기도 했다.

이렇게 가족들과 문자를 주고받고 나면 에너지가 충전되는 듯했다. 스마트폰이 생긴 이후에는 카톡을 자주 이용하고 있다. 가족 카톡방을 만들어 일상적인 이야기를 나누고 좋은 명언이 있으면 같이 읽곤 한다. 지금도 가족 카톡방을 통해 이야기를 나누고 있는데 미국에 있는 둘째와도 가까운 곳에 사는 것처럼 소통을 할 수 있어 좋다. 시차가 있어 내가 메시지를 올리면 다음날 보고 대답할 때도 있지만 말이다. 찾아보면 적은 시간을 들여 큰 효과를 볼 수 있는 방법들이 많지 않을까 싶다. 비록 몸은 떨어져 있어도 마음이 함께 하면 늘 같이 있는 것이다.

일 년 계획표

계획을 세우는 것은 시간을 효율적으로 사용하는 데 큰 도움이 된다. 우리 가족은 연초가 되면 다함께 모여 앉아 자신의 신년 계획을 이야기하는 시간을 갖곤 했다. 아이들은 주로 이런 계획들을 이야기했다.

"학년이 올라가니 공부를 더 열심히 할 거예요."

"친구들과 취미생활을 재미있게 하고 싶어요."

공부하는 엄마의 시간은
거꾸로 간다

막내딸 정아는 사춘기를 지내던 시기에 이렇게 이야기하며 눈물을 보이기도 했다.

"엄마아빠가 건강했으면 좋겠고, 저도 엄마아빠 말씀 잘 들을게요."

나와 남편도 각자 열심히 일할 것을 이야기했다. 때로는 신년 계획뿐 아니라 3년 후, 5년 후 계획을 이야기하기도 했는데 아이들과 함께 미래를 계획하는 시간은 참 의미 있었다. 이렇게 큰 계획을 이야기하고 난 후에는 각자가 자세하게 계획을 세웠다. 아이들은 부족한 과목의 공부를 어떻게 보충할지 계획을 세우고, 나는 승진시험 준비는 어떻게 할지, 업무 효율성을 높이기 위해서는 어떻게 할지 세부적인 실행계획을 마련했다.

물론 학교 다닐 때처럼 하루 24시간을 어떻게 사용할지까지 꼼꼼하게 계획을 세우지 않았지만 적어도 한 달을 어떻게 보내고, 일년을 어떻게 보낼지에 대한 계획은 세워두었다. 그렇게 장단기 계획을 세워놓고 자주 들여다보면서 점검하면 자신의 목표를 이루기 위해 시간을 효율적으로 사용할 수 있어 좋았다.

시댁이 주는 안정감

나는 시어머니가 아이들을 봐주셨는데 아마 시어머니의 도움이 없었다면 일을 할 수 없었을 것이다. 결혼하고 아이를 낳으면서 시댁 식구들과 함께 살기로 했다. 나는 계속 일을 하고 싶었기에 누군가의 도움이 필요했는데 시댁 식구들과 함께 살면서 자연스레 살림과 육아 문제가 해결되었다. 시어머니와 시아버지뿐 아니라 시누이들까지도 함께 살았는데 최고 많을 때는 작은 집에서 10명이 복작거리며 살기도 했다.

며느리로서 시댁 식구들과 함께 사니 힘든 점도 있었지만 일하는 엄마의 입장에서는 좋은 점이 더 많았다. 집안일을 하고 아이들을 돌볼 시간을 일하는 데 투자할 수 있었기 때문이다. 내 월급에서 생활비로 나가야 하는 돈이 많아져 경제적으로 부담이 되기도 했지만 그만큼 시간을 벌 수 있었다. 그 당시에는 돈보다는 시간이 중요했기에 나는 기꺼이 시댁식구들과 함께 생활했다.

아이들을 키우다보니 시댁 식구들의 중요성은 더 커졌다. 할머니가 안정적으로 돌봐주시고 고모들이 이것저것 챙겨주며 부족한 공부도 봐주니 아이들이 정서적으로 안정되었던 것 같다. 아이들이 잘 자라주니 나도 열심히 일할 수 있었다. 물론 아이들에게는 다른 누구보다 엄마의 손길이 필요하지만 그래도 시댁 식구들이 엄마의 빈자리를 많이 채워주었다. 참 감사한 일이다.

꼭 시댁식구가 아니어도 친정어머니나 도우미 등 주변에서 육아와 살림을 도와줄 수 있는 사람을 찾는다면 안정적으로 일할 수 있을 것이다. 아이를 키울 때는 돈을 모으려고 하기보다는 아이가 정서적으로 안정되게 클 수 있는 보조 양육자를 찾는 것이 무엇보

공부하는 엄마의 시간은
거꾸로 간다

다 중요하다. 아이가 안정적으로 커야 내가 그만큼 일에 집중할 시
간을 벌 수 있기 때문이다.

24시간을 28시간으로
만드는 법

하루 24시간은 누구에게나 똑같이 주어진다. 나는 조직 생활에서 성공하는 가장 실용적인 방법으로 시간 관리를 꼽는다. 시간을 잘 사용하는 사람이 조직을 체계적으로 이끄는 경우를 경험상 많이 보아왔기 때문이다. 특히 경찰 생활에서는 1분 1초의 차이가 크기 때문에 주어진 시간을 허투루 보내지 않는 것이 무척 중요하다. 또한 쏟아지는 업무량을 마치고 가서도 집안일 걱정을 해야 하는 일하는 엄마들에게 시간은 돈보다 더 가치 있다.

모두에게 공평하게 주어진 24시간이지만 어떻게 사용하느냐에 따라 20시간이 될 수도 있고, 28시간이 될 수도 있다. 24시간을 28

시간처럼 사용한다는 것은 그만큼 똑같은 시간에 많은 일을 한다는 것이고, 한 가지 일을 짧은 시간에 마친다는 뜻이다. 어떻게 하면 24시간을 28시간으로 만들 수 있을까?

가장 좋은 방법은 자투리 시간을 최대한 활용하는 것이다. 나는 가사와 육아를 쓰는 시간을 최대한 활용해 공부와 연계시켰다. 설거지나 빨래, 청소, 요리를 할 때면 녹음기 공부법을 활용하여 귀를 열어놓고 방송 강의를 들었다. 냉장고며 생활 주변 곳곳에 메모할 종이를 붙이고 틈틈이 암기하면서 버려지는 시간이 없도록 했다.

또한 활동할 수 있는 시간을 만들기 위해 잠자는 시간을 줄였다. 나는 지금도 하루 5~6시간 이상 자본 적이 없다. 한참 학위 공부와 승진 시험에 매달릴 때는 최대한 밤잠을 줄여서 공부했고, 출퇴근 차로 이동하는 시간에 잠깐 눈을 붙이며 부족한 잠을 보충했다.

공부를 할 때 장소를 바꾸지 않고 최대한 한 장소에서 집중하는 것도 시간을 버는 방법이다. 나는 일과가 끝나면 사무실에 남아 학습 진도를 나갔다. 독서실이나 집으로 장소를 옮기는 것이 번거로울 뿐 아니라 이동하면서 시간을 허비하고 집중도도 떨어지기 때문이다. 더욱이 아이나 가족들이 기다리는 집에서는 혼자만의 시간을 갖기 어렵다는 단점이 있기 때문에 나는 되도록 움직임을 자제했다. 이렇게 남들은 버릴 수 있는 시간을 적극 활용하여 24시간이 아닌 28시간을 살고자 노력했다.

딴 생각부터 버려라

일을 할 때 시간을 낭비하기 싫다면 우선 머릿속을 깔끔하게 하라. 우리는 일을 하거나 공부를 할 때 딴 생각을 하느라 많은 시간을 허비한다. 몸은 컴퓨터 앞에 앉아 있지만 머릿속으로는 딴생각을 하느라 업무 처리가 늦어지고, 책상 위에 처리해야 할 서류를 두고도 온갖 잡생각들이 떠올라 일이 진척되지 않는다면 시간을 낭비하고 있는 것이다. 시간 관리를 효율적으로 하고 싶다면 해야 할 일을 방해하는 딴 생각들을 과감히 치워버려야 한다.

나의 경우 일을 하다 딴 생각이 나거나 감성에 빠져 우울해질 때면 마음속으로 '감성에 빠지지 말자!' 하고 외치고 다시 일을 시작한다. 그러다 다시 딴 생각이 들면 '또 딴 생각을 하고 있네' 하며 퍼뜩 정신을 차리곤 했다. 자신이 딴 생각을 하고 있다는 것을 아는 것만으로도 딴 생각에 끌려가지 않을 수 있다. 그러므로 '난 왜 이렇게 딴 생각이 많지?' 하고 자책하기보다는 '딴 생각하고 있구나' 하고 자신의 상태를 감지하고 제자리로 돌아와야 한다.

딴 생각을 안 할 수 있는 또 하나의 방법은 쓸데없이 하는 미래에 대한 걱정을 줄이는 것이다. '열심히 했는데도 상사한테 깨지면 어떻게 하지?', '이 방법이 틀리면 어떻게 하지?', '이 일은 안 해도 되는 일 아닌가?' 하고 일을 마치기 전에 결과부터 걱정하면 일에 집중할 수 없다. 게다가 미래에 대한 걱정은 불안으로 이어지고 불안해지면 부정적인 생각을 하게 되어 일의 능률을 더 떨어뜨린다.

딴 생각과 더불어 딴 짓은 시간을 잡아먹는 도둑과 같다. 나는 38년 동안 경찰 생활을 하면서 개인적인 일로 업무를 미룬 적이 없다. 일이 많아 그럴 시간이 없기도 했지만 스스로 마음가짐과 정신 상태를 일에 몰두하도록 했다. 조직에 왔으면 조직원으로서 시간을 보내는 게 맞는다고 생각한다.

수시로 스마트폰을 확인하거나 컴퓨터로 온라인 사이트를 들락거리는 사람들을 보면 나는 볼멘 소리를 자주 했다. '회사에 왔으면 일을 해야지' 하는 마음도 있었지만 그렇게 딴 짓하며 보내는 시간들이 결국은 자신의 커리어로 쌓여 당사자에게 득될 것이 없음을 잘 알기 때문이다.

자신이 가장 많이 하는 딴 짓이 무엇인지 생각해보라. 그리고 그것이 업무 시간을 할애할 만큼 자신에게 정말 유용하고 필요한 일인지 생각해보기 바란다.

확실한 동기를 찾아라

시간을 값지게 활용하기 위한 두 번째 방법은 시간 관리의 동기를 확실히 하는 것이다.

나의 경우, 시간을 효율적으로 쓰게 만든 동기는 '하루 빨리 수사를 진행하여 피해자들의 아픔을 치유해주자'는 것이었다. 특히

모두에게 주어진 24시간이지만
어떻게 사용하느냐에 따라
20시간이 될 수도 있고, 28시간이 될 수도 있다.

경위 때 경찰청에서

아이를 잃어버리고 하루하루 초조하게 기다리고 있는 엄마들을 보면 1분 1초도 지체할 수가 없었다. 나 역시 큰아이가 유치원에 다닐 때 부평역에서 아이를 잃어버린 경험이 있어 그들의 아픔이 남일 같지 않았다. 아이를 잃어버리면 정말 미쳐버릴 것 같다. 그때 아이를 찾아 헤맨 것은 30분 정도였지만 3시간은 더 된 것 같은 기분이었다.

30분 동안 아이를 잃어버려도 하늘이 무너지는 느낌을 받는데 몇 년째 아이를 찾지 못하고 있는 엄마들의 심정이 오죽하랴 싶었다. 한 엄마는 아이를 찾아 전국을 다니고 있었고, 다른 엄마는 둘째를 낳으면 잃어버린 아이를 찾는 데 소홀할 것 같아 아이를 낳지 않고 있었다. 또 아이가 혹시 집을 찾아올 수 있다며 몇 년째 난방이 안 되는 방에서 자면서 이사를 가지 않는 엄마도 있었다.

이런 가슴 아픈 사연들을 많이 만나다보니 시간을 다퉈가며 일할 수밖에 없었다. 내가 일부러 빨리 해결하려 애쓰지 않아도 피해자들을 만나고 그들의 아픔에 공감하다 보면 내 몸과 마음이 저절로 빨리 움직인다. 그래서 '불도저'라는 별명을 얻을 정도로 일을 밀어붙이고 직원들을 들볶게(?) 되었다.

똑같이 주어진 시간에 보다 많은 일을 할 수 있는 방법은 확실한 동기를 가지고 그 일에 집중하는 것이다. 집중을 하면 시간을 훨씬 짜임새 있게 쓸 수 있고 시간 대비 효과도 크게 나타난다. 그런데 이런 집중력의 원천은 절박함이다. '집중해서 일해야지' 하는 다짐보다는 '내가 꼭 이 일을 해야 하는 절박함'이 있을 때 집중력이 생기는 것이다. '내가 이 일을 하지 않으면 안 된다'는 절박감, '빨리 일을 마치고 어린이집에 아이를 데리러 가야 한다'는 절박감이 일에 집중하게 만든다.

일하면서 공부를 해야 했던 나는 승진시험 공부를 할 때 '이번에 꼭 붙어야 한다'는 절박한 마음으로 임했다. 집안 살림도 하고 애도 키워야 했기에 승진시험 공부기간을 무작정 늘려 잡을 수가 없었다. 그래서 승진시험을 보는 해가 되면 시어머니께 이야기했다.

"올해가 승진시험 보는 해에요. 1년 만 봐주세요. 떨어지면 안할게요."

시어머니께 허락을 받고 승진시험 공부를 시작하면 그 어느 때보다도 집중해서 공부했다. 이번에 떨어지면 기회가 없기 때문이었다. 시집 와서 4번 승진시험을 봤는데 4번 모두 한 번에 통과할 수 있었던 데에는 이런 절박함이 있었다. 다행히 총경 때부터는 시험 없이 심사로만 승진을 할 수 있게 되어 시험 스트레스에서 벗어날 수 있었다.

하루 24시간 내내 절박함을 가질 수는 없지만 일을 할 때만큼은 절박함이 있어야 한다. 그래야 일을 빨리 끝내고 쉬는 시간도 가질 수 있고, 자기 계발을 위한 시간도 마련할 수 있다.

나중 말고 지금 당장 하라

내적 동기를 확실히 하고 딴 생각 딴 짓하는 시간을 줄이면 의외로 많은 일을 빠른 시간 내에 할 수 있다. 즉, 일 처리가 빠른 사람이 되는 것이다. 나는 중간관리자일 때 회의에 참석하여 업무 지시를 받으면 챙겨야 할 이름을 메모하고 업무노트에 대략적인 기안 내용을 만들어서 다른 사람들보다 빨리 보고하고 추진했다. 그래서인지 내가 지휘관이 되어서도 나는 일 처리가 빠른 직원이 좋았다. 무슨 일을 시키면 "네, 알겠습니다" 하고 바로 행동으로 보여주는 사람이 좋지 업무 지시를 내렸는데 세월아 네월아 하고 있으면 누가 좋아하겠는가. 대부분의 상사들은 업무 지시를 내리면 빠른 시간 안에 답변이 오기를 기대한다. 복사 한 장을 시켜도 1분만에 빨리 해오는 직원과 10분이 걸리는 직원은 신입 때는 비슷할지 몰라도 10년 후 직급을 비교하면 분명 차이가 있을 것이다.

내가 일을 할 때 가장 듣기 싫었던 말이 '나중에'이다. 다른 조직도 마찬가지겠지만 특히 경찰 조직은 회의가 많다. 사건이 터지면 그 사건을 해결하기 위해 관련부서 사람들이 모여 회의하며 정보를 공유하고 업무 분담을 해야 하고, 수시로 달라지는 상황을 보고하고 보고받아야 한다. 그런데 회의를 마치고 나면 꼭 나오는 말이 있다.

"나중에 정리해서 보내드리겠습니다."

그런데 자리에 돌아와 기다려도 보고서가 안 오는 경우가 있고,

그 이유를 물어보면 깜박했다거나 다른 급한 일이 있어 못했다는 대답이 돌아오곤 한다. 나는 직원들한테 이야기한다.

"나중에 하지 말고 지금 당장 하라. 지금 당장 하지 못할 것 같으면 언제까지 하겠다는 날짜와 시간을 정하라."

'나중에 하겠다'라고 일을 미루면 그 일에 대한 감각이 떨어져서 일할 때 더 오랜 시간이 걸리게 된다. 이상하게도 뒤로 미룬 일들은 나중에 하려고 하면 귀찮아지고 하고 싶은 마음도 없어지게 된다. 그러므로 '나중에 하지'라는 생각이 드는 순간 탁 마음을 바꿔서 당장 해버리는 것이 좋다. 당장이 어렵다면 언제까지 하겠다고 시간을 정해놓도록 한다. 그리고 여러 사람들 앞에서 이야기하는 것이다.

"오늘 회의 보고서는 내일 아침까지 회사 통신망에 올려놓겠습니다."

상사가 '이 일을 언제까지 끝내라'고 지시를 내려줄 때는 그때까지 미루지 말고 기한을 앞당겨서 끝내는 버릇을 들이면 좋다. 기한을 빨리 당겨서 잡고 일하면 더욱 집중해서 일할 수 있고, 빠른 일 처리로 조직 내에서 인정을 받게 된다.

일 처리가 빠르면 업무를 배우는 데도 유리하다. 1년에 5건의 프로젝트를 진행하는 사람과 10건의 프로젝트를 진행하는 사람은 성과뿐 아니라 경험 면에서도 차이가 난다. 같은 시간 안에 2배의 경험을 할 수 있기 때문에 그만큼 많은 일을 배울 수 있고, 많은 일을 배울수록 업무 처리 속도도 빨라진다. 물론 일 중에는 천천히 신중하게 생각해서 진행해야 할 것도 있지만 내 경험상 한 가지 일을 오랜 시간 붙잡고 있다고 해서 일이 잘되는 것도 아닌 듯하다. 신중하게 처리한다고 업무 진행 속도를 느리게 하기보다는 체크해야 할 것들을 세분화하여 하나하나 빨리 처리하고 넘기는 것이 도움이 된다.

유한한 인생에서 시간은 참 값진 것이다. 한번 흘러간 시간은 되돌릴 수 없고 아무리 후회해도 소용이 없다.

옷 벗을 각오로 나서다

만약 조직 내에서 팀장 이상의 위치에 있다면 어떤 일이건 빠르게 결정해서 지시를 내리는 것이 일 진행에도 도움이 되고 아랫사람들이 일하기에도 편하다. 때로는 의사결정의 결과가 잘못될 수도 있다. 이때는 그 원인을 파악하고 다른 방법으로 해보면 된다. 실패나 비난이 두려워 의사결정을 미룬다면 일도 늦어지고 시간도 낭비하는 결과를 초래하게 된다. 특히나 경찰 조직에서는 빠른 일 처리가 중요하다. 범죄가 발생했는데 신속하게 대처하지 않으면 그 범죄의 피해가 그만큼 커지기 때문이다.

광주청장으로 있을 때 일이다. 광주는 집회와 시위가 자주 열리는 곳이기도 하다. 특히 광주의 금남로는 시위 장소로 성역화되었다고 할 정도로 사람들이 많이 모이는데 문제는 교통체증이었다. 청장으로 취임하자마자 시민들의 진정서가 연이어 들어왔다.

'구도심이라 길이 좁아 교통이 막힌다.'

'근처 상인인데 시위대들 때문에 장사가 안 된다.'

'도로를 점거하는 것은 불법인데 경찰은 왜 봐주고 있냐. 직무유기 아니냐.'

여러 번의 진정서를 받고 나는 법대로 집행하기로 결정을 내렸다.

"집회관리법상 주요 도시 주요 도로는 집회를 제한하도록 되어 있으니 금남로 앞 집회 신고를 받아주지 말고 설득하세요."

내 말에 광주청 직원들이 먼저 우려를 나타냈다. 금남로에서 시위하는 것이 오랜 세월 관행처럼 굳어져 있어 시위를 못하게 할 경우 강하게 반발할 것이라는 의견이었다. 하지만 나는 인심이나 얻겠다고 식물청장처럼 가만히 있다가 큰 사고가 빵 터져 다 같이 죽느니 당장은 욕을 먹어도 할 일은 하자고 작정했다. 법 집행으로 인한 플러스 요인과 마이너스 요인 중 플러스 요인을 택한 것이다. 예상대로 시위대의 반발이 있었다. 그들은 청장에게 항의 방문을 와서 자신들의 주장을 거칠게 표현했다.

"지금까지 해왔는데 왜 그러는 겁니까?"

"누구한테 잘 보이려고 하는 겁니까?"

"법질서 확립했다고 자랑하려고 그럽니까?"

하지만 나는 이들의 주장에 흔들리지 않고 나의 결정을 밀고 나갔다.

"법치국가에서 법대로 해야 되지 않겠습니까? 금난로는 치외법권 지역이 아닙니다. 또한 여러분들로 인해 장사하는 시민들의 생업에 지장이 생기고 도로 차량들이 정체되어 진정서가 들어오는데, 집회의 목적이 달성되겠습니까?"

강경한 나의 태도에 그들은 비장의 무기를 꺼내들었다.

"그렇다면 이제부터 청장 퇴진운동을 하겠습니다."

나는 담담하게 대답했다.

"할 수 없죠 뭐. 그렇게 하세요."

정말 이 일로 경찰에서 물러난다고 해도 나는 결정을 번복할 수 없었다. 이 말에 시위대들은 더 이상 반박하지 못하고 돌아갔다. 경찰에는 이런 이야기가 있다.

'총경 이상부터는 언제든 옷 벗을 각오를 하고 있어야 한다.'

정말 그랬다. 어떤 일을 결정하고 시행하는 데에는 늘 위험부담이 따랐다. 그렇다고 해야 할 일을 뒤로 미룰 수는 없는 일이었다.

결국은 시위대들이 금남로에서 집회시위를 하지 않는 것으로 마무리되었다. 만약 이때 내가 의사결정을 망설이고 시간을 끌었으면 교통체증으로 인한 불편을 개선하기까지 더 오랜 시간이 걸렸을 것이다. 시간을 밀도 있게 사용하려면 빠른 의사결정이 필요하다. 내가 보직을 받아서 가는 곳마다 실적을 남기고 많은 일을 할 수 있었던 데에는 시간을 밀도 있게 사용하는 나의 습관이 큰 역할을 했다. 얼마나 오랜 시간 일을 했는가보다 무엇을 어떻게 효율적으로 할 것인가가 더 중요한 것이다.

자기계발 투자는
10배를 남긴다

직장인들에게 자기계발은 업무 시간 외에 자신의 미래를 위해 투자하는 시간을 말한다. 일을 한다는 것은 자신이 지닌 능력과 재능으로 부가 가치를 창출하는 작업이다. 즉, 자신이 지니고 있는 것들을 회사를 위해 꺼내 쓰고 일정한 돈을 받는 것이다. 자신의 능력과 재능을 꺼내 쓰기만 하고 다시 채워 넣지 않으면 얼마 가지 않아 고갈되게 마련이다. 그래서 미리미리 자기계발에 투자하는 것이 중요하다.

우리는 직장을 잡기 전 오랜 시간 동안 자기계발을 해왔다. 유치원, 초등학교, 중학교, 고등학교, 대학교를 거치며 이 사회에서 살아가기 위해 필요한 지식들을 배우고, 그 과정에서 자신의 재능을 찾아 전공을 선택하고 밥벌이를 위한 준비를 한다. 이렇게 쌓은 자기계발의 결과물을 가지고 직장에서 일을 하는 것이다. 예전에는 직장에 들어가기만 하면 그때까지 쌓은 지식과 경험으로 오랫동안 일을 할 수 있었지만 요즘은 그렇지 않다. 하루가 다르게 변하는 세상에 적응하기 위해서는 직장에 들어가서도 자기계발에 힘써야 한다.

10분의 1법칙

그런데 매일매일 쏟아지는 업무에 파묻혀 살다보면 자기계발은 다른 세상 이야기가 되기 쉽다. 오히려 요즘은 자기계발이 또 하나의 스트레스가 되고 있는 듯하다. 경찰 후배들을 만나보면 자기계발과 관련한 고민을 자주 털어놓곤 한다.

"일하랴, 애 보랴, 자기계발을 할 틈이 없어요."

"자기계발을 하라고 하는데 뭘 해야 할지 모르겠어요."

직장을 다니면서 자기계발에 투자한다는 것은 쉬운 일이 아니다. 자기계발을 하고 싶은 마음이 굴뚝같더라도 현실적인 뒷받침이 되지 않으면 어려운 것이다. 그래서 나는 후배들에게 이렇게 이야기하곤 한다.

"시간과 돈의 10퍼센트는 무조건 자기계발에 투자하라."

나에게 있어 자기계발은 '공부'였다. 월급을 받으면 무조건 10퍼센트를 떼어 수업료를 내고 학원도 다니고 교재를 샀다. 시부모님을 모시고 살며 대출 이자를 갚아가는 상황에서도 월급의 10퍼센트는 자기계발에 과감히 투자했다. 지금 당장 이 돈을 생활에 쓰면 여유가 생길지 모르지만 내 미래가 없어지는 것이기 때문이었다. 또 돈을 모아서 나중에 자기계발을 하겠다고 하면 너무 늦어서 시작하기 힘들게 된다. 동네 미용실에서 파마를 하고 남대문 시장 리어카에서 아이들과 내 옷을 사다 입으며 돈을 아끼고 아껴서 공부하는 데 투자했다.

시간 역시 하루의 10퍼센트를 공부하는 데 썼다. 하루 24시간의 10퍼센트면 2시간 30분 정도이다. 2시간 30분 동안 책상에 앉아 진득하게 공부하기는 힘들었지만 녹음기 공부법으로 자투리 시간이 날 때마다 녹음기를 들었다. 일일이 계산해보지는 않았지만 아마도 2시간 30분은 넘게 공부한 것 같다. 쉬는 날에는 하루 종일 다림질 등 일하면서 녹음기를 들으며 공부하기도 했으니 시간의 10퍼센트는 공부에 투자한다는 원칙을 충실히 지킨 셈이다.

자기계발 리스트

요즘은 '자기계발비'라는 명목으로 직원들의 자기계발을 금전적으로 지원해주는 회사도 있다고 하니 시간만 만들어내면 충분히 자기계발을 할 수 있을 것이다. 문제는 마음이다. 나는 '자기계발'이라는 것은 주어진 조건에서 떠먹을 수 있는 사람에게 쓰는 말이라고 생각한다. 상다리가 휘어지는 잔칫상이 차려져 있어도 먹을 마음이 없는 사람에게는 그림의 떡이나 마찬가지이다. 왜 자기계발을 해야 하는지 확실한 목표를 가지고 있어야 한다.

자기계발 내용은 사람마다 다르지만 그 목표는 하나가 아닐까 싶다. 좀 더 일을 잘하기 위해서 혹은 승진하기 위해서 등 지금보다는 더 나아지기 위해서다. 그렇기 때문에 자기계발은 업무와 관련된 것으로 시작해야 한다. 업무와 관련된 유용한 강의를 듣는다거나 외국어를 배우거나 대학원에 진학하는 등 자신의 목표에 맞는 자기계발 내용을 정하면 된다.

보통 직장인들이 선택하는 자기계발 내용은 2,30대는 외국어가 많은 것 같다. 영어나 중국어 등 업무를 할 때 필요한 외국어를 익히는 것이다. 30대 후반부터 40대는 업무의 질을 높이기 위해 업무와 관련된 강의나 훈련 프로그램에 많이 참가한다. 그 이후에는 리더로서 역량을 강화하고 인맥을 쌓기 위해 대학원에 진학하는 경우가 많다.

자기계발을 할 때 이왕이면 재미있는 것으로 고르면 꾸준히 할 수 있어 좋다. 인터넷 강의를 듣는다고 할 때 쉽고 재미있게 설명하는 강사의 강의를 선택하면 쉽게 집중할 수 있다. 나의 경우 프로 경찰이 되고 싶어서 법학 공부를 시작했다. 처음에는 고졸 출신이라 대학 졸업장을 따야겠다는 생각으로 공부를 했지만 법학 공부를 할수록 재미있었다. 법에 대해 잘 모를 때는 위에서 시키는 대로 수동적으로 일을 했다면, 법에 대해 알게 되니 이 일은 왜 해야 하는지 알게 되고, 어느 경우 법까지 만들어가면서 좀 더 적극적으로 업무에 임하게 되었다.

적극적으로 일하니 성과도 있었고 재미도 느꼈다. 재미를 느끼니 기분이 좋고 기분이 좋으니 공부를 더 열심히 하게 되고 공부를 하니 일도 잘하게 되는 선순환이 만들어졌다.

물론 운동을 하거나 요리를 배우고 춤을 추는 등 다양한 취미생활을 하는 것도 자기계발이 되겠지만 직장인의 중심은 업무이다. 일단 업무를 잘하기 위한 자기계발에 투자하고 그다음에 취미생활을 하는 것이 좋을 것 같다. 지금 자기계발에 투자한다고 해서 당장 효과가 나는 것은 아니다. 너무 바쁘고 힘들어서 자기계발을 포기해 버리고 싶을 때도 있을 것이다. 하지만 그 투자 시간에 대한 보상은 언젠가 10배, 아니 그 이상이 되어 자신에게 돌아오게 된다.

너무 힘들어
직장을 그만두고 싶을 때

1. 바닥의 시간을 견뎌라

아이가 태어나 초등학교 때까지가 워킹맘에게는 가장 힘든 시기이다. 그저 하루하루를 버틴다는 생각으로 지내라. 아이가 크면 바닥의 시간도 끝이 난다.

2. 시간 관리의 동기를 찾아라

사람은 '꼭 해야 하는 이유'가 있으면 움직이게 된다. 왜 내가 시간 관리를 해야 하는지 그 이유부터 찾아라.

3. 갈등의 시간을 줄여라

이렇게 할까, 저렇게 할까 갈등하는 시간은 몸과 마음을 지치게 만든다. 이것저것 따지고 고려하다가 일도 못하고 시간만 낭비하는 경우가 없도록 하라.

4. 일 처리가 빠른 사람이 되어라

주어진 시간에 한 가지를 겨우 해내는 사람과 같은 시간에 2~3가지 일을 해내는 사람의 미래는 분명 달라진다. 빠릿빠릿한 사

공부하는 엄마의 시간은
거꾸로 간다

람이 되어라.

5. 딴 짓, 딴 생각을 하지 마라
일을 할 때는 오로지 일과 관련된 생각만 해라. 집안일이나 아
이 생각, 미래의 일 등 지금 당장 해결할 수 없는 문제에 신경
쓰면서 시간을 낭비하지 마라.

6. 장단기 계획을 세워라
지켜지지 않아도 좋다. 계획을 세우는 것만으로도 시간을 효율
적으로 사용하게 하는 계기가 된다. 하루, 한 달, 1년, 3년 등 장
단기 계획을 세워보아라.

7. 자기계발 투자 시간을 아까워하지 마라
몸이 아무리 힘들고 경제적으로 어려워도 자기계발에 대한 투
자는 멈추지 말아야 한다. 내 시간과 수입의 10분의 1은 반드시
자기계발에 투자하라.

6장

삶의 원동력은
가족에게서
나온다

제복을 벗는 순간
변신하다

내가 경찰 조직에서 아무리 승진을 해도 변하지 않는 것은 내가 한 남자의 아내이자, 세 아이의 엄마이며, 시어머니의 며느리라는 사실이다. 그래서 경찰 제복을 벗는 순간, 나는 민간인이 되었다. 밖에서는 경찰, 집에서는 민간인. 이 원칙 덕분에 가족들과 잘 지낼 수 있었던 것 같다. 경찰서장이 되든 경찰청장이 되든 경찰대학장이 되든 상관없이 나는 집에 들어오면 그 순간 꼬리를 내렸다. 특히 시어머니께는 아무리 피곤하고 힘들어도 절대 복종이었다. 아마 어떤 며느리보다 더 자세를 낮추지 않았나 싶다. 나를 대신하여 아이를 봐주시는 시어머니에 대한 미안함, 하루 종일 애 보랴 살림하랴 힘드셨을 어머님의 노고에 대한 고마움에 저절로 고개가 숙여졌다.

갑을병정의 '정'

남편에게도 마찬가지였다. 둘이 맞벌이를 하니 동등한 입장이라 할 수 있지만 6녀 1남의 외동아들이자 시어머니의 희망으로 자라온 남편이 아내의 돌봄을 받지 못한다는 것은 큰 스트레스였을 것이다.

"구멍 난 양말 신고 다니지 말아요."

출근하는 남편에게 양말을 챙겨주는 대신 이 한마디로 때우는 것이 나의 내조 수준이었으니 자세라도 바짝 낮춰야 했다. 내가 너무 힘들 때는 남편에게 야속한 마음이 들어 바가지를 긁기도 했지만 그 시간이 지나면 나를 믿고 지원해주는 남편에게 고마운 마음이 들었다.

아이들에게는 을이 아니라 갑을병정의 '정'쯤 될 것이다. 아이들을 생각하면 많은 시간을 함께 보내지 못한 미안함과 아쉬움이 함께 밀려온다. 그러니 어찌 엄마 노릇한다고 아이들 위에 군림할 수 있겠는가. 밖에서는 13만 명의 경찰 조직의 2인자 자리에 있어도 집에서는 맨 밑바닥일 수밖에 없는 것이다.

그래서일까? 시어머니나 아이들은 내가 승진해도 그렇게 특별하게 생각하지 않았다. 남편이야 사회생활하면서 보고 듣는 것이 있어 나의 승진이 얼마나 어렵게 이루어진 것인지 알고 있지만 다른 식구들은 아니었다. 경찰대학장이 되고 나서 시댁 식구들에게 승진 턱을 내는 자리를 마련하였다. 서로 돌아가며 축하 인사를 전했는데 대학교 4학년이었던 막내딸이 이렇게 이야기하는 것이다.

"엄마가 승진했다고 해서 그런가보다 했는데 그게 그렇게 높은 자리에요? 축하해요. 엄마."

시어머니 역시 마찬가지셨다. 아들 가진 우리네 어머니들이 그러신 것처럼 시어머니도 오로지 당신 아들이 최고인 줄 알고 살아오신 분이셨다. 자신이 낳은 7남매 중 유일한 아들인 남편이 시어머니의 희망이자 꿈이었다. 그런 아들이 대기업에 입사했으니 얼마나 든든하고 기쁘셨겠는가. 며느리가 그런 아들을 잘 내조하지 못하고 일한다고 밖으로 도니 며느리 승진이 반가웠을 리 없을 것이다. 내가 승진을 해도 '그런가보다' 하시더니 청장쯤 되니 "우리 며느리 훌륭한 일 한다"라고 칭찬해주셨다.

가족의 든든한 지원을 바탕으로 직장에서 일을 잘하기 위해서는 '직장에서 나'와 '가정에서 나'를 구분하는 지혜가 필요하다. 직장에서처럼 가정에서도 나를 대우해주기 기대하거나 직장에서 상사 눈치 보며 일하다 왔으니 가정에서는 무조건 쉬고 싶다고 하면 문제가 생긴다.

나는 집에 와서도 쉬지 않았다. 아니 쉴 생각을 하지 않았다는 것이 맞는 표현일 것이다. 하루 종일 아이들에게 시달렸을 어머니를 생각하면 피곤하다고 쉴 수는 없었다. 과로와 스트레스로 몸살 기운이 느껴지면 미리 약국에 들러 몸살약을 사 먹고 들어갔고 나중에는 아예 사무실 서랍에 몸살약 등의 상비약을 사놓았다. 집에 들어가서는 아무렇지 않은 척 아이들을 보고 집안일을 했다.

그래서 우리 집 가족들은 내가 슈퍼맨인줄 알고 있었다. 자궁근종으로 수술을 했을 때 집안 식구들이 깜짝 놀랐다. 생전 아프다는 말 한마디 안 하고 산 사람이 덜컥 수술을 하고 병원에 누워 있으니 그럴 만도 했다.

직장과 가정이라는 모드 전환이 잘 이루어지지 않을 경우 많은 일하는 엄마들이 둘 중 하나를 선택해야 하지 않을까 하는 고민에 빠지게 된다. 직장을 선택하자니 아이의 얼굴이 아른거리고 가정을 선택하자니 나의 경력이 아깝고 미래가 불안해진다. 나도 직장에서 상사한테 깨지고 애가 아픈데도 직장에 나가야 할 때면 '그만둬야 하지 않을까?' 하는 생각을 많이 했다. 그때마다 '그래! 오늘만 어떻게든 버텨보자'했는데 시간이 지날수록 직장과 가정이 대립된 관계가 아니라는 생각이 들었다. '직장에서 나'와 '가정에서 나'가 구분만 잘되면 꼭 둘 중 하나를 선택해야 할 필요는 없는 것이다.

필요충분조건

'가정에서 나'를 생각할 때는 의무감보다는 먼저 가족의 의미를 생각하는 것이 좋다. 나에게 있어 가족은 삶의 의미이다. 많은 워킹맘들이 일에 쫓기다 보면 '내가 왜 결혼했는지', '왜 애는 낳았는지' 후회하는 말을 하곤 하는데 그것은 가족의 소중함을 모르고 하는 이야기다. 나도 시어머님이 애들 봐주다 힘드셔서 짜증을 내시고, 남편이나 아이들이 내가 너무 가정에 소홀하다고 툴툴거리면 가족이 족쇄처럼 느껴지곤 했지만 그것은 잠시잠깐 그 순간의 생각일 뿐이었다. 내가 왜 이렇게 힘들게 일하고 있나 생각해보면 그 안에 가족이 있었다.

내 가족을 위해 돈을 번다는 경제적인 이유뿐 아니라 내 가족이 살아가는 세상을 좀 더 좋게 만든다는 사명감도 있었다. 나 혼자가 아니라 가족이 함께 일한다는 느낌을 받을 때도 많았다. 시어머니는 나를 대신해 살림과 육아를 맡고 계시고, 남편은 대기업에서 일하면서 기업의 경영 노하우나 고객 서비스 정신에 대해 이야기해주었다. 남편의 이야기는 경찰 일을 하는 데 많은 도움이 되었다.

아이들은 나의 보석이었다. 바라보는 것만으로도 기분이 좋아져서 딸 셋을 보석 1호, 보석 2호, 보석 3호라고 부르기도 했다. 결혼할 때 형편이 넉넉지 않았던 우리는 예물로 스부 다이아 반지를 했다. 그것이 계속 마음에 걸렸는지 남편이 형편이 좋아지면서 다이아 반지를 해주겠다고 했는데 그때 나는 남편의 마음만 기분 좋

힘들 때마다 가족사진을 보며 힘을 내고,
남편에게 털어놓으며 위로를 받았다.

게 받았다.

"집에 다이아보다 더 좋은 보석이 가득한데 더 이상은 필요 없어요."

만약 나 혼자였다면 일을 더 잘할 수 있었을까? 아마 아닐 것이다. 혼자라는 생각에 더 나태해지고 절박함이 덜했을 것이다. 혼자이기에 가사와 육아에 쓸 시간이 줄어들어 일에 투자할 시간은 늘어났겠지만 주부의 억척스러움이 없어 일에 대한 집중도는 그만큼 떨어졌을지도 모른다. 힘들 때마다 가족사진을 보며 힘을 내고, 다른 사람에게 할 수 없는 이야기를 남편에게 털어놓으며 위로를 받았다.

직장과 가정은 선택의 문제가 아니라 필요충분조건이라고 할 수 있다. 직장에서 일을 잘하기 위해서는 따뜻한 가정이 필요하고, 가정을 안정적으로 유지하기 위해서는 직장이 필요한 것이다. 직장과 가정에서 나의 위치와 역할을 명확히 하면 얼마든지 평화로운 관계를 유지할 수 있다.

하루 종일 힘들게 일하고 나면 당연히 푹 쉬고 싶은 마음이 들겠지만 집에 오면 아이와 남편을 위해 기꺼이 봉사한다는 마음을 내는 것이 좋다. 아예 직장에서 퇴근하고 가정으로 출근한다고 생각하는 것이 편할 수 있다. 직장에서는 직장인으로, 집에서는 엄마와 아내로 재빨리 모드를 전환하는 것이 일하는 엄마들의 지혜이다.

공부하는 엄마의 시간은
거꾸로 간다

계모에서
멘토가 되기까지

　지금 와서 돌아보면 우리 아이들은 배 속에서부터 일하는 엄마의 모습을 보며 강하게 컸던 것 같다. 첫아이 때는 과학수사과에서 몽타주 요원으로 근무했는데 거의 매일 범인의 얼굴을 그렸다. 목격자의 진술을 듣고 그리기도 하고, 용의자의 사진을 보고 그리기도 하고 어떤 때는 신원불상의 시신 얼굴을 그리기도 했다. 몽타주를 그리기 위해서는 범행에 대해서도 알아야 하기 때문에 사기죄, 강간죄 등 임산부들이 태교를 위해 멀리 하는 이야기들을 들을 수밖에 없었다.

　둘째 때는 앞서 이야기했듯이 신원불상의 토막살인 사건 변사체의 지문을 채취하는 일을 했다. 직장 여성이 임신을 하면 눈치를 보던 시절이라 나 역시 임신 사실을 숨긴 채 근무를 하고 있었다. 일부러 큰 사이즈의 겉옷을 입고 알코올에 담가 놓은 부패된 손가락을 꺼내 표피를 벗겨 내 손가락에 끼운 채 열심히 닦아 지문을 채취했다.

엄마가 계모라고?

그렇게 배 속에서부터 살뜰하게 챙겨주지 못한 딸들에 대한 애 뜻함은 늘 내 마음 한구석에 있었다. 한창 엄마의 손길이 필요할 때 제대로 챙겨주지 못한 것에 대한 미안함, 그럼에도 불구하고 잘 자라준 것에 대한 고마움이다. 그런 아이들이 어렸을 때는 엄마 때문에 서운한 일도 많았을 것이다.

일과 가정생활을 함께 하며 가장 힘들었던 것은 육아 문제였다. 시어머님이 아이들을 돌봐주셨지만 아이들에게는 엄마의 손길이 필요하다. 특히나 아이들이 어렸을 때는 더욱 그렇다. 경찰 일의 특성상 아이들이 아파서 응급실에 실려 가도 바로 가보지 못했고, 학교 선생님이 상담하자고 불러도 제때 가보지 못할 때가 많았다. 아이들이 어렸을 때는 농담으로 나를 '계모'라 부르기도 했는데 나는 아이들 입장에서는 그럴 수 있겠다 싶다.

한 번은 초등학교에 입학한 막내 정아가 울상이 되어 이야기를

공부하는 엄마의 시간은
거꾸로 간다

했다.

"엄마, 나 너무 답답해. 다른 아이들은 한글을 다 아는데 나만 몰라."

아이의 학교 생활이 걱정되었지만 그렇다고 내가 가르칠 수 있는 여력이 없었다. 결국 시누이에게 부탁해서 한글을 뗄 수 있었다.

큰딸이 초등학교 3학년 때 칠판 글씨가 안 보인다고 하여 안과에 간 적이 있다. 검사 결과 당장 안경을 써야 할 정도로 시력이 나빠져 있었다. 나중에 알고 보니 다른 집 엄마들은 이미 입학 전에 아이들의 시력을 측정해서 눈이 나쁘면 안경을 맞춰줬다고 했다. '계모'라 해도 할 말이 없었다. 마음이 아팠지만 슈퍼우먼이 아니기에 어쩔 수 없었다. 일하면서 아이 셋 육아와 교육까지 잘 챙긴다는 것은 불가능에 가까운 것이다.

너무 속상했을 때는 일하는 엄마라고 학교 선생님이 아이를 노골적으로 싫어할 때였다. 둘째가 초등학교 6학년 때 직선제 전교회장이 되었는데 엄마가 학교에 자주 오지 않으니 교장 선생님이 아이에게 눈총을 줬다. 당시 아이들 머리에 이가 있어서 상고머리로 잘라주고, 성폭행 사건 수사를 많이 할 때라 혹시나 하는 마음에 치마를 입히지 않았는데 그런 아이의 모습을 보고 뭐라고 하신 것이다.

"너는 남자니, 여자니? 너희 엄마는 네가 회장인데도 학교에 안 오니?"

이 말에 상처받은 아이는 집에 와 울면서 하소연했다.

"교장 선생님이 나한테는 회장이라고 안 해. 여자인지 뻔히 알면서 맨날 남자니, 여자니 그래."

알고 봤더니 교장선생님은 사업하는 집 남자 아이가 회장이 되기를 바라셨던 것이다. 아이의 모습에 가슴이 아팠고 아이에게 상처를 준 교장 선생님에게 화가 났다. 나는 점심시간에 짬을 내어 교장 선생님을 찾아가서 정중하게 말씀드렸다.

"선생님, 제가 경찰로 근무하고 있어서 시간을 내기가 쉽지 않습니다. 엄마가 쫓아다닐 수 있는 아이가 회장이 됐어야 하는데 아이가 너무 하고 싶어 해서 이렇게 됐습니다. 우리 애가 부족하더라도 잘 지도해주세요. 진아는 활발하고 자립심도 있어서 잘할 것입니다."

나는 화가 났지만 이렇게 간곡히 말씀드리니 그 뒤부터는 달라지셨다고 한다. 그 후로 학교에 자주 찾아가지 못했지만 진아는 별 문제 없이 초등학교를 졸업했다.

아이들이 대학입시를 준비할 때도 나는 세심하게 아이들을 챙겨주지 못했다. 큰아이와 둘째는 과학고에서 바로 카이스트로 가는 바람에 특별히 대학입시에 신경 쓸 것이 없었는데 막내의 경우는 달랐다. 외고에서 이과를 지망하려고 하니 신중하게 선택해야 했다. 전형방법은 학교마다 어찌나 복잡한지 정신이 하나도 없을 정도였다. 당시 큰 딸 소라가 행정고시에 붙고 여유가 있을 때라

공부하는 엄마의 시간은
거꾸로 간다

소라에게 특명을 내렸다.

"정아의 대학입시를 책임져라."

소라는 큰언니로서 책임감을 가지고 동생과 함께 부지런히 설명회를 쫓아다녔다. 둘이 대학별 전형방법에 대해 시험공부 하듯이 열심히 파고들고 학교와 학원의 도움을 받아 무사히 대입원서를 쓸 수 있었다. 궁하면 통한다더니 엄마가 챙겨주지 못하니 큰언니가 대신한 것이었다.

워킹맘들이 일과 육아를 다 잘하기는 힘들다. 일을 잘하면 육아에서 구멍이 생기고, 육아에 집중하다보면 업무 효율이 떨어진다. 이럴 때는 다 잘하려는 욕심을 버리는 것이 가장 좋은 방법인 것 같다. 두 가지 다 잘할 수 없는 나의 상황을 인정하고, 아이들한테 '계모' 소리를 듣더라도 서운해 하지 말고, 자신이 할 수 있는 최선의 노력만 하면 된다.

"경찰인 엄마가 좋아"

나는 1년에 딱 한 번 학부모 총회 때 학교를 찾아가 담임선생님을 만났는데 소라의 사춘기도 학부모 총회에 가서 알게 되었다. 2학년 담임선생님과 상담을 마치고 나오는데 1학년 때 담임선생님을 만났다. 선생님이 걱정스러운 표정으로 소라가 요즘 전형적인 사춘기 시기를 보내고 있는 것 같다고 말씀해주셨다. 딸이 질풍

노도의 시기를 보내고 있는데, 아무런 신경도 못 써주는 것이 미안해 나는 퇴근을 하고 밤 11시, 12시에 학원 앞으로 소라를 데리러 갔다. 이때부터 학원 픽업이 시작된 것이었다. 바쁘다고 아이가 어떻게 지내는지 알려고 하지 않았던 나 자신에 대한 반성의 의미도 있었다. 매일 학원 앞에서 아이를 기다렸지만 예민해 있던 아이는 나를 보자 "왜 왔냐!"며 소리를 질렀고 내 차를 타지 않고 집으로 가버렸다. 그래도 아이와 소통하고 싶어 한 달 동안 같은 시간에 같은 자리에서 아이를 기다렸다.

그때 나에게는 큰아이의 반항이 충격이었고, 내 인생에서 가장 힘든 시기였다. 아이가 좋지 않은 친구와 어울리며 성적도 떨어지고 있는데 경찰 일을 계속 해야 하나 하는 회의감도 들었다. 그러던 한 달 후쯤 드디어 소라가 말을 걸어왔다.

"엄마 피곤하지 않아? 하루 종일 집에 있는 엄마들도 안 오는데 왜 엄마는 매일 와?"

나의 정성이 통했던 것일까? 그렇게 소라는 조금씩 나에게 마음의 문을 열었다. 그리고 어느 날 집에 오면서 나도 내 마음에 깊이 담아두었던 이야기를 꺼냈다.

"엄마 경찰 그만둘까봐. 경찰 일보다는 너희들 잘 키우는 게 엄마한테는 더 소중해."

그런데 소라의 반응이 예상외였다.

"엄마 그만두지 마. 내가 마음잡고 공부 잘할게. 난 엄마가 경찰인 게 좋아."

순간 가슴에 전류가 흐르는 듯 찡한 느낌이 전해졌다. 고개를 돌려 소라의 얼굴을 바라보니 진지한 표정이었다. 진심인 것 같았다.

'아, 소라가 나의 마음을 알아주었구나.'

그동안의 마음고생이 눈 녹듯 사라지는 순간이었다. 그렇게 마음을 잡은 소라는 다시 공부에 전념해서 성적을 올렸고, 나도 다시 일에 몰두할 수 있었다. 첫째가 잘하니 둘째, 셋째는 언니가 하는 대로 본을 받아 학교 생활을 잘해나갔다.

딸들의 멘토가 되다

그런 소라가 공무원이 되어 출근한 첫 토요일에 전화가 왔다.

"엄마, 나 지금 출근했는데 사무실에 아무도 없어요."

나는 얘가 토요일에 왜 출근을 했는지 의아해하며 물었다.

"소라야. 오늘 토요일이잖아? 사무실에 나간 거야?"

"나는 엄마가 토요일에도 출근하기에 당연히 출근하는 줄 알고 나왔어요."

나는 주말에도 늘 출근해 일을 했는데, 아이는 그것을 보고 공무원은 주말에도 일해야 된다고 생각했던 것이다. 이렇게 아이들은 부모를 보고 자란다. 나는 아이들에게 항상 이야기했다.

"여자라고 뒤로 빠지거나 소극적이어서는 안 된다. 여자도 능력

있으면 전문 분야에서 일하는 시대다. 열심히 공부한 것을 사회를 위해 적극 활용해라."

이것은 나의 가치관이기도 한데 고맙게도 세 딸들은 나의 이야기를 귀담아 들어주었다. 나처럼 워킹맘으로 일하고 있는 큰아이가 지금은 이렇게 이야기한다.

"엄마 정말 대단해요!"

어렸을 때 "할머니가 힘들지 엄마가 뭐가 힘들어?" 하고 투덜댔던 아이가 자신이 직접 일과 육아를 함께 해보니 엄마가 얼마나 힘들었을지 이해가 가는 것이다. 그런 딸에게 "애 키우면서 일하는 거 힘들지 않니?" 하고 물어보면 씩씩하게 대답한다.

"괜찮아요, 엄마. 저도 할 수 있어요."

이런 이야기를 들으면, 내가 남성 위주의 조직 속에서 온갖 어려움을 겪으면서도 포기하지 않고 꿋꿋하게 경찰의 길을 걸어온 것이 내 딸들에게도 좋은 영향을 주었음에 뿌듯해진다. 특히 결혼해서 두 아이를 두고 있는 큰 딸은 현재 직장인, 엄마, 아내, 며느리로서 그 나이 때 나만큼 열심히 살고 있다. 소라의 모습에서 그 당시 나의 모습을 종종 발견하곤 하는데 일을 대하는 자세나 아이를 키우는 것, 시댁 식구들에게 하는 것을 보면 내가 했던 것과 너무 비슷해서 깜짝 놀라곤 한다. 자라면서 보았던 엄마의 모습이 가랑비에 옷 젖듯이 딸의 내면에 스며들어 있는 것 같다.

둘째와 셋째 역시 하는 일은 다르지만 일을 풀어가는 방식이 젊은 시절의 나와 똑 닮아 있다. 긍정적이고 열정적이다. 이런 모습을 볼 때마다 나의 삶이 내 딸들의 삶을 안내하는 등대처럼 느껴져 '앞으로도 열심히 살아야 겠다'는 생각을 하게 된다.

엄마는 너희 편

레지던트로 일하고 있는 셋째는 정말 내가 경찰로 일할 때보다 더 바쁘게 지내고 있다. 새벽 5시에 집에 들어와 대충 씻고 6시에 나가기도 하고 밤을 꼴딱 새우고 안 들어오는 날도 많다. 그래도 묵묵히 자기의 길을 가면서 힘들 때면 나에게 조언을 구하곤 한다. 그때마다 나는 딸 편이 되어 아이들의 이야기를 듣는다. 상사 때문에 힘들다 하면 "누가 우리 딸을 힘들게 해! 엄마가 가서 혼내줄까?" 이렇게 이야기하기도 하고 때론 아이의 하소연을 가만히 들어주기도 한다. 그러면 아이들은 스스로 정리를 하고 다시 힘을 낸다.

아이들한테 조언할 때는 구체적인 상담보다는 크게 볼 수 있도록 이야기해준다. 내가 아이들의 일상을 잘 모르기도 하거니와 현실의 어려움은 작게 들여다보면 큰 문제처럼 느껴지지만 한 발 떨어져서 보면 별것 아닌 경우가 많기 때문이다. 힘든 상황에서도 나의 말에 힘을 얻고 엄마인 내가 해냈기에 자기도 할 수 있다고 말하는 딸들. 그런 딸의 모습이 자랑스럽기도 하지만 그 힘듦을 알기에 안쓰럽기도 하다. 그리고 내가 딸의 멘토가 되어 인생을 앞서 살아간 선배로서 조언해주고 이끌어줄 수 있다는 것에 뿌듯함을 느낀다. 아이들에게 '계모' 소리를 듣던 내가 이제는 아이들에게 멘토 역할을 하고 있으니 이만큼 행복한 순간이 없다.

남편만큼
좋은 건 없다

아내가 가장 친하게 지내야 할 사람은 누구일까? 바로 남편이다. 남편은 평생을 함께하기로 약속한 인생의 반려자이다. 결혼 햇수가 거듭될수록 사랑의 콩깍지가 벗겨지면서 때론 밉상이 되기도 하지만 늘 내 옆에 있어줄 사람은 다름 아닌 남편이다.

나는 순경이 되고 6년째 되던 해에 결혼했다. 내가 순경이 되었다고 하자 주변에서는 걱정하는 목소리가 많았다. 한번은 당숙 아저씨가 이렇게 말씀하셨다.

"경찰이라서 중매해주기가 좀 그렇네…."

참 어이없고 기분이 상했다.

"중매해주지 않으셔도 되니 그런 말씀은 안 해주셨으면 좋겠어요."

나는 내 남편을 내가 찾겠다고 생각했다.

38년 전만 해도 여경이 드물고 경찰에 대한 인식이 좋지 않은 때라 나는 꼴등 신부감이었다. 나도 결혼에 대한 생각이 별로 없었고 그림에 빠져 있을 때라 나에게 관심을 보이는 남자가 있었지만 눈길 한 번 주지 않았다. 그러다 테니스를 배우러 갔다가 전경으로 군복무 중이던 남편을 만났다. 테니스를 치던 많은 사람들 중에서 남편이 눈에 들어왔다. 특히 온 힘을 다해 스매싱을 하던 모습이 정말 멋져 보였다. 다행히 남편도 나에게 호감을 보이며 먼저 미끼를 던졌다.

"결혼을 하면 신세계 미술관에서 전시회를 열어줄게."

"수영장 있는 멋진 집에서 살게 해줄게."

난 그 약속에 못 이기는 척 결혼을 하였다. 이 약속은 오래전에 물 건너간 이야기가 되었지만 그때를 생각하면 지금도 입가에 미소가 흐른다.

한강을 순찰하는 남편

남편은 그때부터 나의 소울 메이트가 되어주었다. 여자도 일을 해야 한다며 내가 일하는 것을 적극적으로 지지해주었고, 내가 힘들어할 때면 바쁜 시간을 쪼개 나를 위로해주고 응원해주었다.

어느 날 남편은 승진시험 준비하느라 늦게 퇴근한 나를 데리고 한강으로 갔다. 일하랴 시험 준비하랴 고군분투하는 나의 모습이 남편의 눈에 안쓰럽게 보였나 보다. 유람선 안에서 남편이 사준 따뜻한 커피를 마시니 긴장이 스르르 풀어지며 마음에 담아두었던 말이 나왔다.

"당신과 어머니한테 참 미안한데 나 계속 공부하고 싶어요."

남편은 그렇게 하라며 내 마음을 편안하게 해주었다. 그리고 격려의 말을 덧붙였다.

"당신은 지금 국가와 국민을 위해 일하고 있어. 보람되게 생각하고 열심히 해."

남편의 격려에 그동안의 피로가 싹 가시는 느낌이었다. 참 고마웠다.

마포발바리를 잡느라 나의 촉각이 곤두서 있을 때의 일이다. 어느 날 저녁, 직원들과 회의를 하고 있는데 남편이 연락도 없이 짠 하고 나타났다. 깜짝 놀라 남편을 보고 웬일이냐고 물었다.

"직원들 밥 사주려고 왔지."

그러곤 직원들을 향해 큰소리로 이야기했다.

"발바리 잡느라 고생이 많으십니다. 제가 살게요. 든든하게 드시고 발바리 꼭 잡으세요."

직원들의 함성이 터져 나왔다. 남편은 경찰서 직원 70명에게 밥을 사주고 유유히 집으로 갔다. 남편이 진짜 멋있어 보였고 참 고마웠다. 집에 와서 고마움을 전하니 남편이 자신도 요즘 마포발바리를 잡으러 다닌다는 것이었다. 무슨 소리냐고 물으니 이렇게 대답했다.

"내가 요즘 한강에서 자전거를 타거든. 자전거를 타고 천천히 달리면서 이쪽 저쪽 몽타주 닮은 사람이 없나 살피고 있어."

몽타주 얼굴을 머릿속에 넣고 있다는 남편의 말에 나는 웃음이 터졌다. 발바리 잡느라 팽팽해졌던 신경이 부드럽게 풀리는 느낌이었다.

남편의 지원 덕분이었을까? 남편이 밥을 사주고 간 지 일주일 만에 마포발바리가 잡혔다.

여청과장을 할 때는 남편 앞에서 브리핑 연습을 하기도 했다. 평소 프리젠테이션으로 단련된 남편은 브리핑 내용뿐 아니라 나의 말투나 시선 처리까지 세세하게 조언해주었다. 또한 언론에 보도되는 경찰 관련 내용을 보면서 모니터링을 해주기도 했다. 내가 보직에서 밀렸을 때는 다음과 같이 이야기해주었다.

"시련기일수록 현장 경험을 쌓는 계기로 삼아. 당신 지금까지 자리보다는 일이 좋아서 했잖아. 힘내라고."

38년 경찰 생활을 마치고 부산경찰청장 퇴임식을 할 때 고맙고 미안한 마음에 남편을 그 자리에 초청했다. 남편은 단상 위 내 옆에 앉았는데 퇴임식이 끝날 때 갑자기 거수경례를 받고 근엄하게

서 있는 나를 향해 "그동안 수고했어요"라고 말하며 포옹을 했다. 순간 당황스러웠지만 직원들의 환호성과 우뢰 같은 박수 소리에 남편 가슴에 잠시 가만히 기대었다.

친구 같고 아버지 같고 선생님 같은 남편이었다. 그런 의미에서 내 인생은 남편과의 합작품이라 할 수 있다.

나의 외조에 힘썼던 남편은 요즘 딸내미 외조에 힘쓰고 있다. 사위한테 자신의 경험을 들려주며 부부가 함께 걸어가야 하는 길에 대해 이야기한다.

가장 확실한 투자처

이렇게 이야기하면 우리 부부가 싸움 한 번 안 하고 산 것처럼 오해할 수 있지만 그렇지 않다. 남편도 사람인지라, 그리고 내가 직장인 치고는 엄청 빡센 곳에 다닌지라 남편의 불평불만을 자주 들어야 했고, 몇 번은 참고 넘기지만 쌓이고 쌓여 폭발하는 경우도 많았다. 경찰 업무의 특성상 야근과 숙직이 잦았는데 남편은 그것을 제일 힘들어 했다. 아이들이 초등학교 저학년 때까지만 해도 아침에 일찍 나가고 저녁에 늦게 들어왔는데 그 이후에는 집에 못 들어오는 날도 많았고 지방 근무하느라 장기간 집을 비울 때도 있었다. 그래서 아이들을 깨워 학교에 보내는 일은 남편 담당이 될 수밖에 없었다.

처음에는 이런 일로 남편과 언쟁을 하기도 했지만 그래봤자 소용이 없다는 것을 알고 난 순간부터는 전략을 달리했다.

"한 번만 봐주세요."

"죄송해요."

"내일은 일찍 들어올게요."

햇수가 지날수록 느글느글해지는 것이다. 그렇게 시간이 흐르고 애들도 크고 나니 남편의 잔소리도 쑥 들어갔다.

신세계에 입사해 이마트 부사장까지 승진한 남편은 나만큼 직장 생활에 굴곡이 많았다. 내가 치열하게 산 만큼 남편도 자기 분야에서 최선을 다했던 것이다. 부부가 열심히 살면서 생긴 사소한 불화는 서로에 대한 믿음으로 극복할 수 있었다. 남편이 내가 싫어서 내가 미워서 그러는 것이 아님을 알기에 남편의 핀잔을 한 귀로 듣고 한 귀로 흘릴 수 있었다. 남편도 내가 일부러 가정생활에 소홀한 것이 아님을 알기에 나를 위로 해주고 격려해줄 수 있었다.

지금 이 순간 부부간의 갈등으로 고민하는 사람이라면 일보다 먼저 부부관계 회복에 중심을 두어야 한다. 당장은 일에 집중하는 것이 편하게 느껴지지만 이는 문제를 회피하는 것이다. 부부 사이에 눈에 보이는 문제가 없다고 하더라도 서로를 보았을 때 마음이 불편하고 화가 난다면 둘 사이를 점검해보아야 한다. 당분간은 큰 갈등 없이 살 수 있을지 모르지만 아이들이 성장하고 부부 공동의 목표가 사라지면 더 이상 부부관계를 유지할 필요성을 느끼지 못하게 된다. 그래서 황혼이혼이 점점 많아지는 것이다.

아무리 일에서 성공했다고 하더라도 배우자 없이 쓸쓸히 늙어 갈 노년을 상상해보면 그다지 좋지 않을 것이다. 부부 갈등은 아주 사소한 것에서 시작한다. 음식이 서로 안 맞는다는 것에서 시작해 이혼까지 갈 수 있는 것이 부부이다. 평소에 상대방을 이해하고 맞 춰주려는 노력을 조금씩만 하면 좋을 것 같다.

바쁜 남편이 나를 데리고 한강유람선을 탔던 것처럼 상대를 배 려하는 사소한 노력 하나가 상대방에 대한 신뢰를 높인다. 이 세상 에서 나를 믿어주는 사람, 내가 믿는 사람이 있다는 것은 참 행복 한 일이다. 워킹맘들이 일도 하고 아이도 키우면서 남편을 놓치기 쉬운데 인생을 길게 보았을 때 남편이 가장 확실한 투자처임을 잊 지 않았으면 한다.

시월드도
아름다울 수 있다

결혼한 여성들이 스트레스를 많이 받는 것 중 하나가 시댁과의 갈등이 아닐까 싶다. 오죽했으면 '시'자가 들어간 시금치도 안 먹는다는 우스갯소리가 있을까? 시어머니, 시아버지, 시누이 등 '시'자가 들어간 시댁을 표현하는 '시월드'라는 말이 생겨났을 정도로 시댁과 갈등이 많은 것 같다. 많은 여성들이 시월드를 싫어하고 부담스러워 하고 있지만 나에게는 친정보다도 더 고마운 존재이다.

얼마 전 텔레비전을 보다가 시월드에 대한 프로그램이 있어 유심히 본 적이 있다. 프로그램 내용 중에 특히 '이런 시월드 가진 남자와 결혼하지 마라'는 코너가 내 눈길을 끌었다. 결혼을 피해야 할 시월드 5가지가 소개되었는데 올가미 시월드, 시누이 많은 시월드, 돈 잡아먹는 시월드, 가족 모임 많은 시월드, 홀어머니 시월드였다. 나는 그중에 '시누이 많은 시월드'를 가지고 있었다.

나의 시월드

시댁에는 시누이가 6명 있었는데 결혼했을 때 남편보다 먼저 2명이 시집을 가고 4명의 시누이가 시댁에서 함께 살고 있었다. 내가 결혼해 들어가면서 8명이 한 집에서 살게 되었다. 시부모님도 좋으시고 시누이들도 잘 대해주었지만 어쩐지 시댁 식구들은 어려웠다. 더군다나 5남 1녀의 외동딸로 남자 형제들 틈에서 자라온 나에게는 자매들의 수다가 익숙하지 않았다. 구슬치기, 딱지치기를 하고 전쟁만화를 즐겨보며 자란 나와 화장품과 패션 이야기를 하는 시누이들의 문화가 맞지 않았던 것이다.

하지만 어떻게 하겠는가. 남편하고 같이 살기로 결심한 이상 남편의 가족들도 내 가족으로 받아들여야 한다. 나는 시누이들의 문화를 이해하기 위해 애쓰고 때로는 남편은 모르는 여자들만의 이야기를 공유하며 친분을 쌓아갔다. 그러다가 아기를 낳으니 시누이들은 든든한 육아 보조자가 되어주었다. 나는 큰애를 낳고 2달 만에 출근했는데 그 이후로 시어머니와 시누이들이 아기를 키워주었다.

세월이 흘러 둘째가 태어나면서 우리 집 식구는 모두 10명이 되었다. 시어머니와 시누이들의 육아 부담이 늘어났고 그에 맞춰 난 시댁 식구들에게 더 잘해주었다. 친정에는 1년에 한번 갈까 말까 했지만 시댁 식구들과는 매일 만나면서도 생일이며 기념일을 꼬박꼬박 챙겼다. 친정엄마가 시집 간 딸이 하도 연락이 없어서 무슨 일인가 전화했을 정도로 시댁에 집중했다. 시댁 식구들에게 잘하면 내 아이들에게 잘할 것이라 생각했기 때문이다.

시어머니는 손녀딸들을 헌신적으로 돌봐주셨다. 아이들이 수두에 걸려 열이 날 때는 아이를 데리고 주무시면서 밤새 간호해주셨다. 만약 그때 내가 데리고 잤다면 제대로 일을 못했을 것이다. 어쩌면 내가 시어머니의 노동력을 착취한 것이라고도 할 수 있다. 시어머니는 초등학교에 들어간 아이들이 시험에서 백점을 받아오면 무척 기뻐하셨는데 아이들이 공부 잘하는 것을 큰 낙으로 여기셨던 것이다. 그러면서 아이들에 자주 이렇게 이야기하셨다.

"엄마가 바쁜데 너희들이 공부 못하면 얼마나 속상하시겠니."

이런 시어머니 덕분에 우리 아이들이 공부를 잘하게 된 것도 같다.

삼대가 주는 지혜

물론 시어머니와 갈등이 없었던 것은 아니다. 밤낮을 안 가리고 일하는 며느리를 어느 시부모님이 좋아라만 할 수 있겠는가. 그래서 가끔 나에게 핀잔이 돌아오기도 했지만 연로하신 몸으로 아이들을 돌보느라 애쓰시는 모습을 생각하면 서운한 마음을 표현할 수 없었다.

그렇게 일상의 대부분을 시어머니 뜻을 따랐지만 내가 결코 양보하지 않은 한 가지가 있었다. 시어머니가 아이들에 대해 남녀차별하는 이야기를 하실 때였다. 시어머니는 남아선호사상이 강하신 분으로 1남 6녀의 자식을 두신 분이었다. 따라서 우리 부부가 아들을 낳길 내심 바라셨을 것이다. 하지만 나는 딸 셋을 낳은 후 자식을 또 낳을까 생각해보았을 때 이번에는 아들을 낳는다는 보장도 없었고 무엇보다 아들을 낳으면 셋 딸들이 찬밥이 되고 소홀하게 될 것 같아 그만 낳기로 했다. 시어머니는 우리 아이들을 사랑으로 돌봐주셨지만 가끔씩 아들이 아닌 것에 대한 불편한 마음을 드러내곤 하셨다.

"여자는 좋은 데 시집 가서 애 낳고 살면 그게 최고지."

나는 이 이야기에 대해서만큼은 그냥 넘어가지 않았다. 나에게 서운한 말씀을 하시는 것은 괜찮았지만 아이들의 자존감에 상처를 주는 말에 대해서는 가만히 듣고 있을 수 없었다. 나는 어머니께 공손히 말씀드렸다.

"어머니, 어머니 말씀은 알겠는데요, 요즘은 여자도 무엇이든 할 수 있는 세상이에요. 아이들 앞에서는 그런 말씀을 하지 않으셨으면 좋겠어요."

그런데 어머니도 시간이 지나면서 아이들이 공부도 잘하고 무엇이든 열심히 하려고 노력하자 '너희들도 사회에 꼭 필요한 사람이 되라'며 손녀딸들을 격려해주셨다.

30년이 넘는 시월드 생활을 통해 내가 터득한 갈등 해결의 열쇠는 '이해'이다. 어떤 문제가 생겼을 때 내 입장보다는 상대방 입장에서 생각하면 억울한 일도 서러운 일도 스르르 풀어졌다. 육아에 지치신 어머니 입장에서는 자기 자식들을 맡기고 매일 늦게 들어오고 휴일에도 나가는 며느리가 곱지 않게 보였을 것이다. 그러니 나에게 속상한 마음을 표현하신 것이었다.

시누이들 역시 자기 엄마가 힘들어하니 나에게 퉁명스럽게 말할 수 있는 것이었다. 7남매를 키워 오신 엄마가 또 아이를 키우고 있으니 그 모습을 보는 것이 편치 않았을 수 있다. 이렇게 이해를 하니 시누이들이 가끔 불평을 털어놓아도 크게 힘들지 않았다. '아 그럴 수도 있구나. 내가 좀 더 노력해야겠다'는 마음이 들었다. 솔직히 내가 대학과 대학원을 다니지 않고, 승진시험 공부를 하지 않고, 고위직까지 가지 않았다면 시어머니는 좀 더 편하셨을 것이다.

삼대가 함께 사는 것의 가장 큰 장점은 관계에 강해진다는 것이다. 생각해보면 좁은 집에서 9명, 10명이 모여 살면서 시댁 식구들과의 얄궂은 인간관계를 잘 풀어온 것이 나의 경쟁력이 될 수 있었다. 나는 남자 간부들에게 이렇게 이야기하곤 했다.

공부하는 엄마의 시간은
거꾸로 간다

"여자가 어쩌니 저쩌니 하지 마세요. 당신들보다 배는 더 복잡한 인간관계를 경험하면서 사는 사람들이에요. 당신들과 심신의 강인함에서 비교가 안 돼요."

모든 일이 그런 것 같다. 나쁜 점이 있으면 좋은 점도 있고, 힘든 일이 있으면 그 일을 통해 배우는 것도 있다. 시누이가 많고 시부모님과 같이 살아 어려운 점이 있었지만 아이들을 잘 키우고 인간관계 노하우를 배울 수 있었던 것은 나에게 큰 수확이었다. 그래서 시월드도 아름다울 수 있다고 이야기하는 것이다.

세월이 흘러 시누이들이 모두 시집을 가고 나의 아이들도 다 커서 성인이 되었다. 나도 퇴직을 하고 그동안 고생하신 시어머니와 여행도 함께 하며 지내고 싶었는데 시어머니께 하반신마비라는 병이 찾아왔다. 그동안 고생만 시켜드린 것 같아서 죄송한 마음이 크다. 그래서 요즘은 거의 매일 시간을 내서 재활병원에 계시는 시어머니를 찾아뵈어 아프신 다리도 주물러 드리고 평생 안 해본 요리 솜씨로 반찬도 해드리며 말벗도 해드린다. 그러곤 늘 마음을 표한다. 너무 감사하다고 말이다.

가족을 든든한
지원군으로 만들기

1. 집에 오면 아내, 엄마가 되라

아무리 사회에서 잘나가는 워킹맘이라 하더라고 집에 오면 엄마이자 아내가 되어야 한다. 최대한 자신을 낮추고 가족을 사랑하는 여자가 되자.

2. 직장과 가정은 필요충분조건임을 명심하라

직장과 가정은 선택의 문제가 아니다. 가정생활이 즐거워야 직장 일도 잘되고, 직장 일이 잘 풀려야 가정생활도 안정이 된다.

3. 관심을 가지되 집착하지 마라

아이가 클수록 엄마와 갈등이 심해지는 경우가 많은데 그것은 엄마가 필요 이상으로 아이의 생활에 간섭하기 때문이다. 은근한 관심을 갖는 지혜가 필요하다.

4. 남편을 가장 사랑하라

지금은 일하고 아이 키우느라 남편의 중요성이 덜 느껴진다 하더라도 결국 내 옆에서 나와 끝까지 있을 사람은 남편이다. 남편을 이해하고 사랑하는 데 많은 관심을 쏟아야 한다.

5. 부부싸움은 어물쩍 넘어가라

부부싸움은 '칼로 물 베기'라는 말처럼 해봤자 소용이 없고 오히려 상처만 되는 경우가 많다. 갈등이 생겼을 때는 시시콜콜 따지고 싸우기보다는 그냥 넘어가는 전략을 택하는 것이 좋다.

6. 시월드를 이해하라

시월드는 내가 남편을 만나기 이전부터 형성된 관계이기 때문에 내가 바꿀 수 없다. 그냥 시댁 식구들을 이해하는 마음을 내는 것이 나도 편하고 시댁 식구들도 편하다.

딸들에게 보내는 편지

소라, 진아, 정아에게

참으로 오랜만에 너희들에게 편지를 쓰는구나. 거의 매일 문자 메시지를 주고받고 있지만 이렇게 너희들에게 편지를 쓰니 좀 색다른 느낌이다. 엄마는 항상 너희들을 보면 미안한 마음과 고마운 마음이 든다. 엄마가 일하느라 너희와 많은 시간을 보내지 못한 것이 미안하고 그럼에도 불구하고 잘 자라준 것이 그렇게 고마울 수가 없다.

특히 막내 정아는 어렸을 때부터 엄마가 지방 근무를 하느라 자주 떨어져 있어 더 마음이 애틋하다. 지금도 엄마가 경찰대학장에 임명된 후 관사생활을 하기 위해 짐을 싸서 나오던 날이 생생하게 머릿속에 남아 있어. 너는 그때 화장실에서 머리를 감고 있었지. 내가 "엄마 갈게" 하고 이야기하자 너는 뒤돌아보지 않고 세면대 앞에서 고개를 숙이고 있었어. 엄마는 보았단다. 너의 등이 살짝 살짝 들썩이는 것을. 네가 울고 있다고 느끼는 순간, 나의 눈시울도 뜨거워졌단다. 너에게 무슨 말이라도 해주고 싶었지만 그랬다가는 집을 나서지 못할 것 같아 일부러 못 본 척하고 나왔단다. 지금 생각하면 '너를 한 번 안아주고 나왔어야 하는데' 하는 후회가 들기도 한다.

엄마의 인생은 경찰이 되고 너희를 낳고 나면서 참 많이 달라졌어. 처녀 때는 가녀린 순한 양이었는데 경찰이 되면서 너희들을 키우면서 씩씩하고 강한 여자가 되었단다. 너희들은 항상 씩씩한 엄마만 봐와서 '가녀린 순한 양'에 동의하지 않겠지만 말이야. 지금껏 살아보니 인생은 그런 것 같아. 즐겁고 기쁠 때도 있고 힘들고 괴로울 때도 있지. 우리는 즐겁고 기쁜 인생만을 바라고 살고 있지만 현실은 그렇지 않은 경우가 많아.

힘들고 괴로운 때를 어떻게 잘 넘기느냐에 따라 이후 인생이 달라지는 것 같아. 힘들고 괴롭다고 포기하고 누군가를 원망하고 억울해하면 더 힘들어지게 돼. 반대로 힘들지만 잘 극복하면 너희들이 더 성숙해지고 인생이 더 풍부해진단다. 엄마가 너희를 낳고 키우면서 씩씩하고 강한 여자가 될 수 있었던 것은 힘든 것을 잘 극복했기 때문인 것 같아.

나는 지금도 남자들한테 당당하게 이야기해.

"여자라고 무시하지 마세요. 당신들은 일만 하지만, 여자들은 일도 하고 애도 낳고 키우고, 친정과 시댁 경조사 챙기고, 당신들이 경험하지 못하는 몇 배의 일들을 하고 있다고요."

너희들도 힘들고 지칠 때마다 이 시기를 잘 넘겨서 미래를 위한 좋은 경험으로 삼기 바란다. 이게 바로 긍정 마인드야. 너희들을 키우면서 가장 물려주고 싶었던 가치가 바로 긍정이란다. 그래서 엄마는 입버릇처럼 너희들에게 이야기했지. '얼음장 밑에서도 고기는 헤엄을 치고 눈보라 속에서도 매화는 꽃망울을 튼다'라고 말이야. 귀에 못이 박히게 들어 지겨울 수 있는 이야기지만 힘들 때마다 생각해보면 좋을 거야.

그리고 말이야. 항상 꿈을 꾸고, 꿈이 이루어졌을 미래를 그려보면 좋을 것 같아. 엄마는 처녀 시절 화가를 꿈꾸었고, 경찰이 되고 나서는 프로 경찰을 꿈꾸었어. 처녀 때는 매일 그림을 그리며 화가가 된 내 모습을 그려보았는데 비록 화가가 되지는 못하였지만 그 꿈 덕분에 그 시절을 행복하게 보낼 수 있었어. 화가의 꿈을 가지고 열심히 그림을 그린 덕에 경찰이 되어서도 창의성을 발휘하며 일을 할 수 있었지.

프로 경찰의 꿈을 꾸고 있을 때는 내가 멋지게 사건을 해결해서 경찰이 발전하고 피해자들이 웃고 있는 모습을 항상 그려보았어. 그러면 아무리 힘들고 어려운 일이라도 씩씩하게 해낼 수 있는 힘이 났단다. 어떤 꿈이라도 좋아. 항상 내 꿈을 생각하고 그 꿈을 이루기 위해 노력하는 너희들이 되었으면 좋겠어. 물론 지금 너희들은 꿈을 향해 매일매일 열심히 지내고 있지만 말이야. 꿈을 향해 달리다가 어떤 장애물을 만나더라도 꿈을 잃어버리지 말았으면 하는 바람이야.

엄마는 너희들이 많은 사람들과 소통하며 살았으면 좋겠구나. 일하면서 이야기하는 것뿐 아니라 서로의 마음을 알고 공감하며 따뜻한 정을 느낄 수 있는 사람들이 많았으면 해. 사회적 성공은 일만 잘하면 되는 것처럼 여겨지지만 일은 사람이 하는 것이기에 사람들과 마음으로 소통하지 못하면 성공을 해도 외로운 경우가 많아.

또 가정생활도 잘 꾸리기를 바란다. 소라와 진아는 사랑하는 사람을 만나 잘 살고 있지만, 성장 과정이 다른 두 사람이 함께 살다 보면 정말 생각지도 않은 많은 일들이 생길 거야. 아무리 사랑한다 하더라도 사소한 일에서 갈등이 생기면 남보다 더 멀어질 수 있는 것이 부부관계란다. 그러니 내 뜻보다는 배우자 뜻을 많이 따라주어야 원만한 가정생활을 할 수 있어. '가화만사성(家和萬事成)'이라고 집안이 편해야 직장 일도 잘할 수 있는 것이란다.

엄마도 나이가 들었나보다. 똑똑하게 잘 살고 있는 딸들에게 잔소리가 너무 많았네. 우리 딸들은 지금까지 그랬던 것처럼 앞으로도 잘 살 것이라 믿는다. 엄마가 옆에서 언제나 너희들을 응원하고 있을게. 사랑한다. 우리 딸들.

항상 너희 편인 엄마가

공부하는 엄마의 시간은
거꾸로 간다

공부하는 엄마의 시간은 거꾸로 간다

1판 1쇄 발행 2015년 8월 31일
1판 2쇄 발행 2015년 10월 12일

지은이 이금형

발행인 양원석
본부장 김순미
편집장 송상미
책임편집 박민희
디자인 RHK 디자인연구소 남미현, 김미선, 조윤주, 장혜림
해외저작권 황지현
제작 문태일
영업마케팅 이영인, 정상희, 윤기봉, 우지연, 김민수, 장현기, 정미진, 이선미

펴낸 곳 ㈜알에이치코리아
주소 서울시 금천구 가산디지털2로 53, 20층 (가산동, 한라시그마밸리)
편집문의 02-6443-8859   구입문의 02-6443-8838
홈페이지 http://rhk.co.kr
등록 2004년 1월 15일 제2-3726호

ISBN 978-89-255-5710-6 (03320)